价值观经济 与 服务型品牌

[英] 艾伦·威廉姆斯 (Alan Williams)
塞缪尔·威廉姆斯 (Samuel Williams) —— 著

朱雅妮 ———————————————— 译

中国原子能出版社　中国科学技术出版社
·北　京·

The Value Economy.
Simplified Chinese translation copyright by China Science and Technology Press Co., Ltd.
and China Atomic Energy Publishing & Media Company Limited.
© Alan Williams and Samuel Williams, 2021.
Copyright licensed by LID Business Media Limited.
Arranged with Andrew Nurnberg Associates International Limited.

北京市版权局著作权合同登记 图字：01-2023-1604。

图书在版编目（CIP）数据

价值观经济与服务型品牌 /（英）艾伦·威廉姆斯
（Alan Williams），（英）塞缪尔·威廉姆斯
（Samuel Williams）著；朱雅妮译 . — 北京：中国原
子能出版社：中国科学技术出版社，2024.1
　书名原文：The Values Economy
　ISBN 978-7-5221-2928-0

Ⅰ .①价… Ⅱ .①艾… ②塞… ③朱… Ⅲ .①企业管
理—品牌战略—研究 Ⅳ .① F272.3

中国国家版本馆 CIP 数据核字（2023）第 161598 号

文字编辑	褚福祎		责任编辑	付　凯
策划编辑	褚福祎		版式设计	蚂蚁设计
封面设计	创研设		责任印制	赵　明　李晓霖
责任校对	冯莲凤　吕传新			

出　　版	中国原子能出版社　中国科学技术出版社
发　　行	中国原子能出版社　中国科学技术出版社有限公司发行部
地　　址	北京市海淀区中关村南大街 16 号
邮　　编	100081
发行电话	010-62173865
传　　真	010-62173081
网　　址	http://www.cspbooks.com.cn

开　　本	710mm×1000mm　1/16
字　　数	229 千字
印　　张	16
版　　次	2024 年 1 月第 1 版
印　　次	2024 年 1 月第 1 次印刷
印　　刷	北京华联印刷有限公司
书　　号	ISBN 978-7-5221-2928-0
定　　价	69.00 元

菲利普·科特勒推荐序

本书是一部精彩而深刻的商业杰作，它生动地体现了企业价值观的作用，目前这一作用还在不断凸显。

企业需要分清楚提供价值和体现企业价值观之间的区别。

价值是一种价值主张，企业希望创造并传播价值，从而提供给目标市场，以获取利润。

价值观则是企业希望展示的，并且在开展业务过程中格外在乎的东西。

在大多数情况下，客户购买东西的首要依据是其价值，他们选择能够提供最大价值的商家，但是如今越来越多的客户也开始考虑一个企业的价值观。自从凯萨·查维斯（César Chávez）指责葡萄公司向葡萄采摘工人支付微薄工资以后，有些人不再买它的葡萄。如今很多消费者都想知道：商家是否支持以及有没有践行环保价值观和社会价值观。

艾伦·威廉姆斯和塞缪尔·威廉姆斯介绍了企业价值观在企业取得成功过程中发挥的日益重要的作用。他们强调，企业有必要将强大的品牌识别、良好的员工敬业度以及美好的客户体验协调起来。

本书介绍了企业如何才能树立良好的服务声誉。两位作者选择了七家完全不同的企业，观察其如何提供出色服务。从商业版图、品牌识别、员工敬业度、客户体验、系统与过程、衡量与洞察这七个方面对每家企业开展讨论，并且总结出服务型品牌的主要观点。

整本书以发人深省的名人名言引出每个讨论话题，我很喜欢二位的这种写作风格。

我希望企业领导者、管理人员和商学院学生都能读一读这本书。

菲利普·科特勒

西北大学凯洛格管理学院

（Kellogg School of Management，Northwestern University）

国际营销专业庄臣特聘教授

导言

"变革之快前所未有，以后还会更快。"

——贾斯廷·特鲁多（Justin Trudeau，加拿大政治家）

我们身处一个特殊而复杂的时期，它激荡多变且充满不确定性，令人捉摸不透。在瑞士举办的 2018 年达沃斯世界经济论坛上，加拿大总理特鲁多发言时表示，以后的变化会更快。当时他大概想不到，大约时隔 2 年后，他的话真的应验了。服务行业的很多传统方法再也不管用了，从 2020 年年初开始，品牌识别、员工敬业度和客户体验的格局等都在不断变化，而且在加速。

除本次新冠肺炎疫情外，新的业务计划受到诸多因素影响，我们认为正是以下三大因素共同带来一场根本性转变：

（1）人们的决策方式在改变。以前人们根据理性来做决定，通常考虑经济状况。而今人们做决定时受感情的影响越来越多，尤其是年轻人，决定的依据是对他们来说重要的东西。而且他们在乎表达自己的意见并体现自己的身份。

（2）当今社会高度互联，在社交媒体的作用下，所有利益相关者的意见越来越透明化，影响力越来越大，有些人把这叫作"裸企时代"。本真性如今成为企业梦寐以求的东西。在此之前不可能通过营销和公关来"讲故事"，而今利益相关者公开分享意见的影响力更大了，并且会继续扩大。话语权的这种转变意味着，如今一家企业怎么样不是由它自身说了算，而是由其他人说了算。

（3）企业不再"拥有"其品牌。客户和员工在某种程度上取代了传统的市场营销部门，成了企业的代言人，这包括以前、现在和潜在的客户和员工。

在这三大因素的共同促进下，传统上固定而单一的企业所有权和推动营销转变为比较灵活和复杂的品牌共有和拉动营销。随着价值观驱动选择、话语权向利益相关者意见的转变，以及共享品牌所有权概念的大爆发，产生了一种新的范式，我们称之为价值观经济。

"我发现人们会忘记你说过的话，也会忘记你做过的事，但是不会忘记你带给他们的感受。"

——马娅·安杰卢（Maya Angelou，美国作家、诗人）

服务型品牌（SERVICEBRAND®）方法

在新的价值观经济时代，久经考验的服务型品牌方法能让服务型企业维持业绩。首先这是一种实操方法，而不是纯粹的概念或者理论模型，它为企业领导者开展日常工作提供了一个框架。这种方法实际上以系统与过程以及衡量与洞察为支撑，来协调执行品牌识别、评估员工敬业度和提升客户体验。本书提出一种结构化框架，任何企业均可通过它来评估企业表现、发掘改变契机，并且制订业务规划，还可以利用该框架不断提高企业日常经营的协调性。它能促使人人都作为企业代言人来维护统一的企业形象，而不必依赖首席执行官或者其他领导职能部门，因此，企业的发展方向和业绩不会受企业结构和企业内部权力变动的负面影响。服务型品牌实际上是一种卓越企业模式，它能够通过协调企业活动带来可量化的效果，并且能够培育以客户为中心的、高效且持续改进的企业文化。在第二部分我们将介绍第二章中的概念，并且深入考察这种方法。

品牌识别

在超级互联时代，世界越来越透明化，在我们看来，企业不再单独拥有其品牌。而是觉得品牌是由企业及其利益相关者共有的，利益相关者包括客户、员工、外包服务合作伙伴的员工、所有者或投资者以及当地社区。几年前，企业还有可能伪造市场营销和公关优势，但是如今这种伪装很快会真相大白。在决定购买某个品牌或者选择与其打交道时，各类利益相关者的驱动力不再局限于简单的理性标准，而是更深的情感驱动力，也就是价值观。可口可乐在西欧 10 个市场开展的目标驱动型大型市场营销活动就是一个很好的例子。在这次活动中，可口可乐饮料的定位是：将人们团结起来。这项长期活动采用的口号是"打开心扉，一切会更好"。这是可口可乐"拒绝社恐"的宣言。这个品牌亲自开展研究和社会调查，结果发现，围绕"共情"打广告将是驱动其新的透明化目标的关键。尽管企业越来越发现有必要将目标和价值观作为企业品牌识别的一个基本面，但是研究表明，企业在其公开声明中强调的文化价值观是一回事，在员工看来，企业对这些价值观的践行又是另一回事。要做的事情还有很多。

客户体验

客户的期望越来越高，他们用自己的钱包或者非接触式卡投票。以创立于 1994 年的公平贸易（Fairtrade）为例，该品牌 2018 年的销售额达 98 亿欧元。随着绿色消费主义的兴起，人们愿意花更多钱来购买环保产品或可持续产品，尤其是年轻人。如今一些品牌与其客户的情感连接更加密切，比如北面（North Face）、苹果和特斯拉。尽管大家都在谈人工智能和数字化世界，但是人仍然是关键因素，因为作为品牌代表的人，其行为对客户认知影响极大。我们发现，企业员工带给客户的体验对客户的品牌认知具有显著影响，96% 的客户表示，他们选择是否忠于某个品牌时非常看重客户服务。

近年来，客户体验的范围呈爆炸式扩大。在商业领域，客户体验作为一种前沿概念被提出来。如此一来，你有可能觉得很奇怪，因为"体验经济"一词早在 1998 年就出现了，这可是 20 多年前的事情，从 20 世纪到 21 世纪，这期间难道就没有任何进步？我们认为确实取得了一些进展：单纯的"体验"已经不能满足客户的需求了；客户还想了解提供服务的企业主张什么、相信什么，然后才决定是否要与它"打交道"。客户的这种兴趣已经超出了企业范畴，延伸到了企业的供应链，服装行业纪录片《时尚的代价》（*The True Cost*）就是一例。企业必须站在透明设计的角度来思考，从而建立信任，消除认知鸿沟，维护品牌韧性。当人们要求"展示给我们"时，企业不能简单地说"相信我们"。

我们预计，在未来，成功的企业必然能够形成一种意识，即企业要与所有利益相关者具有共同的价值观，包括客户、员工、服务合作伙伴、所有者或投资者以及当地社区。

员工敬业度

现在的情况不只是企业和客户关系那么简单，比起每月领工资，员工更在乎工作的意义感和成就感，并且想要表达自己的声音。2018 年 11 月，大约两万名谷歌员工走上街头，对谷歌处理性骚扰事件的方式表示抗议。"服务外包"不等于"撒手不管"，供应链服务合作伙伴的员工也代表着企业形象，他们和正式员工没什么两样，有时候甚至比正式员工更重要，因为他们直接接触客户。外包服务行业目前仍在快速增长。

不止于此

在其他方面，投资者根据短期经济回报做决定。例如，黑石集团（Blackrock）于 2020 年 1 月决定将可持续性作为新的投资标准，而新的合作模式则被用来管理供应链。在此之前，做投资决定时考虑的因素比较少，主要是产品或服务的价值、工作报酬或者收到的绩效奖。而今越来越多的人通过选择来表达其观点和意见：有没有遇到好老板，购买什么样的产品和服务以及与什么样的企业来往。埃隆·马斯克就认为，人们加入项目并不是为了卖车，而是为了改变世界。企业也一样，根据《企业社会责任杂志》（*Corporate Responsibility Magazine*）发布的《最佳企业公民 100 强》名单，根斯勒（Gensler）表示："这份名单上的企业比罗素 1000（Russell 1000）指数高 26%。如果企业能协调消费者、股东以及社区成员这几种利益相关者，就能够创造产品或者服务以外的价值。"

需要注意，实现所有这些的一个基本前提条件是，企业的目标要纯洁和真诚。只要能在某些市场营销或者公关活动中以服务型品牌方法来获得市场份额，或者为其"雇主品牌"提供支持，那么企业迟早都能够脱颖而出。但是对于决定在实践中采用服务型品牌方法的企业而言，如果能得到所有利益相关者群体的认同，让人觉得企业具有本真性，并且因此得到其支持，那就很了不起了。

"单单依靠广告公司或市场营销活动并不能建立具有本真性的品牌，企业的一举一动都在为自己代言。"

——霍华德·舒尔茨（Howard Schultz，星巴克原首席执行官）

本书阅读指南

我们编写本书的目的是，向所有服务型企业的领导者介绍一种久经考验的方法，它有助于维持企业业绩，不论企业的规模如何，也不论企业在哪个地区或者行业。在本书中，我们将与大家共同探讨：在价值观经济时代，如何在新的商业版图中采用这种方法，为什么这种方法能管用，并且介绍了一些实例和经历。服务型品牌方法已经被全球各个行业的大小企业成功采纳。

本书旨在：

● 介绍实践和理论背景，为此我们分享了与企业环境中价值观的重大意义有关的信息，同时介绍了服务型品牌方法的产生及发展过程（第一部分：基础）。

● 详细介绍服务型品牌方法的基础框架及其使用技巧（第二部分：框架）。

● 从实践角度观察各种小型案例研究，所选企业来自不同行业和地区，所处成长阶段也不同（第三部分：实践）。

● 刺激读者思考：在当今大环境下，服务型品牌方法的重大意义和作用是如何凸显的。为此我们将引入一些话题：深入探讨工作场所的作用，考察颠覆产生的越来越大的影响（第四部分：落实）。

● 鼓励读者通过某种方式来实践此书中的服务型品牌方法，从而创造价值，哪怕只是一点点改变。

此书章节短小、结构简单，读者可以根据自己的情况阅读，可以从前往后读，也可以随意翻阅。

为了方便读者查找，书中段落和章节均有明确标题，读者可以选择自己喜欢的方式读。我们为此书花了大量功夫，只为了确保其内容通俗易懂且实用有效，同时提供了必要的学术和商业参考资料。为了帮助感兴趣的读者进一步了解各种话题，我们还精心挑选了一些补充资料，包括书籍、文章、报道和视频。

读者可以把本书当作一本实用指南，用于了解价值观经济这种新范式，了解服务型品牌方法能创造的各种价值，并且了解其创造价值的过程。但是，真正起作用的并非服务型品牌方法本身，我们认为"内容"被过分强调了，然而比内容更重要的是"环境"。在企业内部，人们针对自身情况采用什么样的方式来落实服务型品牌方法，这才是决定价值创造的关键。

有读者反馈说，本书正中要害，以强大的学术理论为支撑，不仅深入浅出地解释了服务型品牌这一经过深思熟虑的概念，同时提供了有效采用服务型品牌方法的建议，对此我们深感欣慰。

本书的目标读者

本书是面向所有大众读者的。对于世界各地充满雄心壮志的企业领导者，如果他们认为企业价值观是一个重要话题，或者想要在价值观的带动下进行综合协调，从而改善业绩，那么都可以读一读这本书。作为高级管理人员和团队负责人，不管你在中小企业还是大型跨国公司，不管你在哪个行业（包括公共部门），这本书都值得一读。它适用于企业－企业（B2B）环境、企业－消费者（B2C）环境以及公共部门和第三部门，甚至适用于企业内部的服务或后勤职能部门。如果你身在市场营销、品牌、人力资源、文化、员工忠诚度、员工体验、客户体验或者组织设计职能部门，或者如果你对这些领域以及对文化转型、工作场所、领导力和行为科学等其他领域有学术兴趣，你一定会对本书感兴趣。

本书汇集了一批学术泰斗和知名企业家的思想和做法，我们还介绍了一些真实的日常事迹，它们都来自我们与领导者共事的经历、自身作为领导者的经历以及对其他人的观察。此书的共同作者艾伦·威廉姆斯有 40 年的工作经验和企业领导经验，而共同作者塞缪尔则拥有后千禧年一代的全新视角，拥有国际商务专业一等学位的知识，并且曾在多家企业任职。因此可以说，我们的观点还是比较中肯的。

第一部分：基础

第一部分介绍了整本书的背景，提供了一些背景信息，以便读者对本书后续内容有一个大概了解。在这一部分，我们分享了一些想法、研究和思想体系，从而将价值观话题作为本书的基石，并且引入了价值观经济的概念。我们还介绍了服务型品牌方法以及这个新词与其他类似专业词汇之间的区别和联系，例如"产品""服务"和"品牌"，随后强调服务型品牌方法的核心基本原则。这一部分的最后，我们介绍了服务型品牌方法的构思和演变过程。这种整体背景为第二部分的详细说明提供了一个实践和理论环境。

第二部分：框架

在这一部分，我们概述服务型品牌框架下五大要素之间错综复杂的相互联系，以及它们是如何通过这种联系产生最大价值的。我们还介绍了本书中用到的专业用语，介绍了启动服务型品牌方法和框架所支持的良性循环的相关因素。随后提出这个框架的核心要素，通过我们和他人的经历具体考察每个核心要素，从而提出整套服务型品牌方法。

第三部分：实践

这一部分的特点是，提供了 7 个精心选择的小型案例研究（图 1 显示支持每个案例研究的核心组成部分）。我们分享的全部是真实经历，透过服务型品牌观察并确定最佳惯例、得到的好处以及面临的挑战。通过这一有效并且操作性很强的视角提出了我们在本书中分享的思维。不管是用于任何国家单独的事业部，还是用于全球性企业，服务型品牌方法的原则和途径是一样的，并不受行业板块的影响。这个框架适用于各种环境，因此我们采用行业板块、所在地区和成长阶段各不相同的案例，从中寻求启发。其中有些案例，服务型品牌方法得到了明确采纳，在另一些案例中，我们则通过服务型品牌框架来观察企业的表现。对于每种情况，我们都总结了服务型品牌的主要观点。正是因为与这些企业打交道，本书中这一部分才得以成形，为此我们倍感幸运。

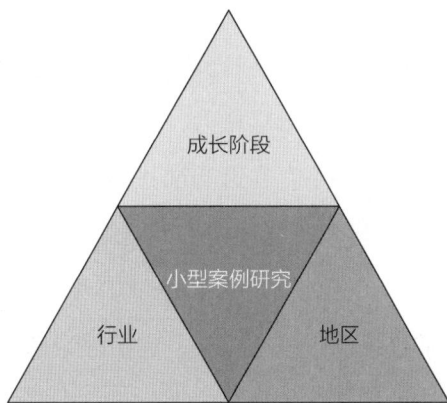

图 1　各种小型案例研究

第四部分：落实

在本书最后一部分，我们探讨了一些热门话题，以强调服务型品牌方法在价值观经济时代为何如此管用。我们在这一部分讨论的原则总结自领导者和企业所处的更大的系统和环境。我们精心选择并介绍了 21 世纪的一些重要话题，并且深入探讨了其他话题。我们透过服务型品牌来观察并分享这些话题，是希望读者能够站在可靠、有效和实操角度，对于如何通过落实服务型品牌方法来为企业创造价值，以及为什么要采用这种方法形成自己的见解。本书最后我们做了概述和总结。

在阅读本书过程中，读者会发现每章都有说明性插图，其目的是在读者阅读过程中提供一个"价值观主线"，并且不断提醒服务型品牌方法的基本原则：精心设计企业的一切，以体现并且强化企业价值观。这是我们和插画师西蒙·希斯（Simon Heath）共同设计的，希望读者能够和我们一样喜欢这些插图。

结语

我们都知道，讲企业管理的书不计其数。尽管企业专家、研究人员、科学家、心理学家和思想家们都在竭尽全力，以便使企业及其所有的利益相关者群体不断获得成功，但是并不存在万金油式的方法。在其发展过程中，每个个体、群体和企业都在与其所处环境和状况不断互动，并且不断适应它们，正因如此，在这本书出版之后应该会连带出现许多关于企业管理的书。但是服务型品牌方法的确提供了一个框架，它能够帮助企业不断协调并且调整各种活动。这种方法的框架为每个企业提供了自由空间，可以设计针对性的独特解决方案，并且能够随着时间的推移不断演变。这种方法能够实现协同、最大限度地减少重复和浪费。平衡计分卡显示，它的效果惊人，这一点我们亲自见证过。当然，服务型品牌方法并非万能钥匙，也不存在万能钥匙。要想取得成功，使用方法的过程中就要不断努力、坚持原则，并且随机应变。

我们相信你一定会喜欢本书，并且会发现，服务型品牌方法中的很多内容与你的想法不谋而合。我们希望本书能够加深你对以目标和价值观驱动型企业的认识，并且进一步意识到该如何打造这样的企业以及为什么要这么做，或者如何和这样的企业打交道。本书将促使你提出并且讨论一些问题，这些问题可能会有助于你设计并提供价值观驱动型服务，从而获得持续业绩，或者能刺激你的这些想法。读完本书以后，如果你能够付诸行动，哪怕只是一点点，那么我们编写此书的目的也就达到了。我们希望听到你的经历，希望了解服务型品牌是如何帮助你提高企业效率的，当然，在此过程中，我们很乐意为你提供帮助！

目录

CONTENTS

04 第四部分
落实

第一部分 | 基础

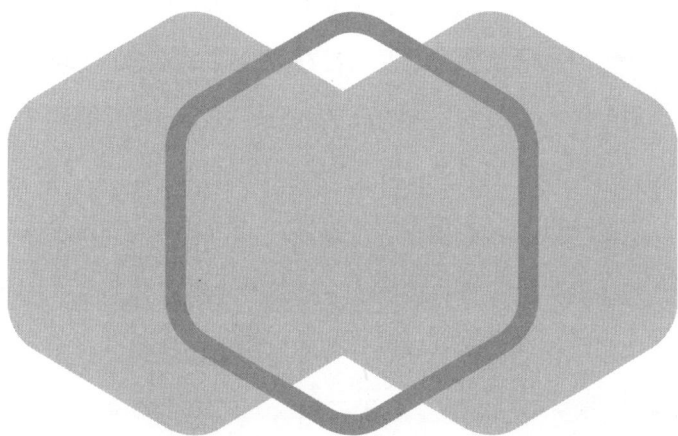

　　本部分介绍书的内容和背景，以便读者对后续内容有一个大概了解。通过介绍价值观对企业的作用及其重要性、服务型品牌方法的概述以及对企业协调的研讨，你将从概念和操作层面很快熟悉并了解服务型品牌方法，并且熟悉本书接下来将用到的专业词汇。

　　第一章分享了一些想法、研究和思想体系，引入了价值观经济的概念，将价值观话题作为本书的基石。在本章我们重点介绍《31种方法》（ *The 31 Practices* ）一书中的价值观。第二章介绍了服务型品牌的含义以及它与其他类似专业词汇（例如"产品""服务"和"品牌"）之间的区别和联系，并且概述了服务型品牌方法。第三章分享了我们对企业协调性的观点，并且提出服务型品牌方法的核心原则。从纵向和横向两个方面探讨协调性为什么对企业如此重要、协调的好处以及协调不足对企业造成的影响。第四章概述服务型品牌并介绍其历史背景。一开始我们介绍这种方法的产生，随后介绍它在将近20年间的演变。本章适合泛读，而非精读。

　　我们希望，通过阅读本章，读者在读本书后续章节时更加轻松顺利。第二部分进一步详细探索服务型品牌方法及其实施过程。第三部分通过考察一组小型研究案例来提出服务型品牌方法。第四部分确定在企业内部制定并落实服务型品牌方法时需要考虑的一些关键话题。

正直

第一章

价值观

"问题不在做什么，而在怎么做。"

——玩笑三男孩乐队（The Fun Boy Three）

和香蕉女郎乐队（Bananarama）

《31 种方法》首次出版 8 年以来，价值观这个话题引起了世界各地人们的憧憬。包括政治领袖和经常出镜的名人在内，人们越来越重视"价值观"，出于各种理由，他们都在寻求帮助。价值观甚至成为 2020 年巴黎时装周的焦点，在这次活动中，除了服装款式和魅力以外，好几个品牌都格外注重其价值观的宣传。2020 年 10 月 15 日是第五个世界价值观日，自从 2016 年起，每年的这一天，全世界 100 多个国家的人参与一年一度的活动。价值观运动在全球范围内兴起，其中包括全球价值观联盟、二十国集团价值观组织（The Values 20）等全球性组织以及巴西、加拿大、瑞典、英国和美国等。正如本节标题中的引言所说，最重要的不是你做什么，而是怎么做。

要打造具有本真性的强大品牌，首先要把价值观作为企业一切事务的核心，尤其是对于服务型企业，因为服务型企业的业务核心是人。对价值观的重视必须真诚并且真实，而不能只在公关活动中耍耍嘴皮子。2018 年国际妇女节当天，麦当劳在脸书、推特和照片墙（Instagram）上将其标志"金拱门"颠倒过来，但是这次市场营销活动却引起了负面效应。

西蒙·西内克（Simon Sinek）的"黄金圈"理念非常火爆，备受人们欢迎，这个理念有助于了解这一转变过程。西内克解释道，鼓舞人的并非人们所做的事情，而是"为什么要做这件事情（原因）"以及"怎么做这件事情（方式）"，这能够让人投入情感，我们认为除此以外还有几个因素能鼓舞人（见第二章）。

2016 年，普华永道对全球大约 80 个国家的 1400 名首席执行官开展了一项调查，结果显示，面对突如其来的环境变化，为了满足利益相关者的期待，有 75% 的首席执行官改变了自己的价值观和行为准则。这份调查报告显示价值观是如何指导企业形成内在凝聚力，从而帮助其实现目标并落实战略。

"首席执行官们认为，客户会选择那些能满足更多利益相关者需求的企业。"

——普华永道首席执行官调查

作为广受引用的《1992 年企业会计准则》（*Corporate Code in 1992*）的发布机构，财务报告委员会（FRC）可能始终是全球最具影响力的治理顾问来源。2018 年，财务报告委员会废除了其之前的准则，代之以经过大幅修订的版本以供参考。新版本强调企业要注重长期成功，并且就整个企业开展价值观测试提出了一项新要求。修订后的内容为："董事应该体现并且促进理想的企业文化。董事会应该监督并评估企业文化，确保整个企业的行为与其价值观相符，一旦发现偏离应该立刻采取纠正行动。年度报告应该说明董事会开展的活动以及采取的一切行动。"

财务报告委员会被审计、报告与治理部门所替代，这是一个新的监管部门。它的权力更大，并且负责"加强"领导，以"改变审计行业的文化"。因此，文化和价值观话题有可能成为企业治理真正的核心。但是我们认为有必要提前说明此举的目标，以便调整预期，避免不断被外界批评行动迟缓、无法达成共识或无法采取纠正措施，不再重蹈建筑业巨头佳利来（Carillion）的覆辙。

什么是价值观？

既然价值观如此重要，那么我们就有必要搞清楚究竟什么是价值观。"价值观"一词如今被广泛使用，以至于有时候我们竟然忘了它的含义。核心价值观是代表人内心深处的信仰的一些特征或品质。价值观能体现对我们而言很重要的，并且能够激励我们的东西。对于一家企业而言，价值观定义这家企业所代表的立场以及所有利益相关者如何看待和感受这家企业，这些利益相关者包括客户、员工、服务合作伙伴、供应商和社区。

价值观是指导原则，是行为和决定的指南针。企业价值观包括明确的价值观和内含的价值观，它每天都在指导着每个人的行为。价值观是事情运作的基础，是企业文化的基础。

个人和企业的价值观连接着我们的内部世界和外部世界。价值观界定了对我们极其重要而且有重大意义的东西，它与我们的目标感直接相关，也与我们作为个体而生存并成长的需求直接相关。

理查德·巴克斯特（Richard Baxter）及其同事将价值观分为积极的价值观和有潜在局限性的价值观。诚实、信任和可靠属于积极的价值观，指责、怨恨和伪造则属于有潜在局限性的价值观。积极的价值观被称为美德，这属于优势，我们能够通过这些优点打造并拥有充足的资源，有潜在局限性的价值观则来自自我的意识或者潜意识。本章我们主要讨论积极的价值观。

"价值观是理想，它让我们的人生充满意义，它体现在我们对事物的取舍。在价值观的作用下，我们的行动具有一致性和重复性。"

——布雷恩·霍尔（Brian Hall，苏格兰足球运动员）

总之，人是由他所在乎的东西决定的。只要有机会，人就会从事能让他在任何情况下生存并繁荣的活动。践行核心价值观有很多好处。通过核心价值观，我们可以：

- 获得决策依据。
- 明确并且强化对个体行为的认识，包括自己的行为和他人的行为。
- 建立规范的环境，使新员工顺利入职。
- 讲述企业故事，传承企业文化，建立企业口碑。
- 企业由内而外实现协调统一。

价值观型客户

福雷斯特（Forrester）曾花费数年时间研究价值观型客户，结果表明，在选择要购买的产品或者打交道的品牌时，消费者会明确考虑企业的价值观，例如聘用和生产实践、政治和社会立场以及对某些目标或者信仰的追求。如今客户认为，企业的价值观并非喊口号那么简单，而是体现在企业的一举一动和一言一行中，包括企业的招聘实践、战略合作、供应链管理以及广告调性。在好几代消费者中，有 52% 在购买时会明确考虑企业的价值观。这种现象遍及所有收入阶层，并且有近 40% 的价值观型消费者的年收入约为5 万美元。

如你所料，尽管消费者在做出购买决定时，会越来越多地考虑企业的价值观，但是他们首先考虑的仍然是价格高低、是否好用、以往购买体验以及购买是否方便。我们并不是说，在价值观经济时代每一个人都会把价值观看得比其他因素更重要。但是福雷斯特的研究表明，超过五分之一来自各个行业的消费者把价值观放在第一位。而且在看待品牌以及比较产品价格和质量的时候，多数消费者会把价值观视作一个区分因素，因而有可能影响其购买决定。

另外也有证据表明，在 B2B 领域，这种以价值观为基础的方法的使用数量和频率都在增加。2020 年，各个行业有 40 多个主要品牌选择停止在脸书上打付费广告，包括冰激凌品牌本杰瑞（Ben & Jerry's）、可口可乐、餐厅品牌丹尼（Denny's）、福特、星巴克、北面、联合利华和威讯通信（Verizon），起因是人们发现脸书平台对仇恨言论不作为。时尚品牌波胡（Boohoo）一个最大的投资者表示，在被指责 Boohoo 供应链上的工人遭到不公正待遇时，这家在线零售商表示对方"证据不足"，这个投资者随之撤回其对 Boohoo 的大部分投资。

这种更加重视价值观的购买方式具有深远影响。买家的首要考虑因素可能是一个企业代表或坚信的东西，而不是它提供的产品或服务的质量和经济价值。

主要驱动力

价值观驱动型客户行为的背后似乎有三个驱动力。第一，在数字化科技时代，消费者渴望人与人之间的互动。当企业对特定事业或社区表示关怀时，客户的品牌体验就变得人性化了。因此消费者有一种强烈感受，好像自己与这家企业产生了关联，因此认为自己能够与这个品牌建立情感关系。例如，在新冠疫情期间，英国国际三明治连锁店品牌 Pret a Manger（意即"即可食用"）颇得英国公众好感，因为它向收容所捐赠多余的食物、向慈善合作伙伴和医院提供捐赠、将医院附近的门店重新对外营业。第二，在当今的"真相滞后"环境中，购物者自然会被符合其身份的品牌所吸引。当品牌体现出一系列核心价值观以后，客户会与企业形成一种个人依恋，并且会体验到一种交往感。第三，除情感连接外，客户如今在寻求一段有意义的关系，这种关系能够激发一种长期满足感和目标感。支持某项事业或主张某种观念的品牌能够让购买者感觉到，他们的购买行为对他们所在的整个社会产生了作用。作为平台，有些品牌让消费者坚持投入他们在乎的事业，因此能从竞争中脱颖而出，从而获得客户的认可。

"我只能控制我能意识到的东西，并且被我意识不到的东西所控制。"

——约翰·惠特莫尔（John Whitmore，
美国领导力发展和组织变革思想家）

该怎么办？

既然如今价值观（我们把这种范式称为价值观经济）这么重要，对企业又意味着什么呢？

见过了最佳案例和最差案例，我们就会明白应该怎样利用核心价值观来改善企业，当然也可以对其置之不理，前提是甘愿承受由此导致的风险。福雷斯特的研究进一步证明了我们一段时间以来了解的情况。能够长期保持优良业绩的企业，也就是那些领先市场上百年的企业都有一个共同点，那就是依靠强大的价值观在企业与员工之间形成一条共同纽带，这是除了利润以外的企业目标。

越来越多的研究表明，财务表现和价值观驱动型企业之间存在密切关系。埃里克·弗拉姆豪兹（Eric Flamholtz）于 2001 年发现，文化共识（价值观或文化协调性的另一种说法）和企业的息税前利润之间存在明显正相关。他总结道："企业文化的确会影响财务表现。新的证据表明企业文化具有强大的作用，它不仅影响企业的整体效率，还影响所谓的'底线'。"另有其他研究表明，基于共同价值观并且具有极强适应性文化的企业，它们的长期表现远远优于其他企业，包括销售额、利润、员工成长和股价增长。

由英国政府资助的员工敬业度专家组组长、英国司法部非常务部长戴维·麦克劳德（David MacLeod）在论及践行价值观时表示："所有企业的墙上都贴着某种价值观标语。我们发现，当企业同事和老板的行为违背这些价值观时会产生不信任，而当他们践行这些价值观时就会产生信任。"

"单单依靠市场营销活动或广告公司并不能建立具有本真性的品牌，企业的一举一动都在为自己代言。"

——霍华德·舒尔茨（Howard Schultz，星巴克原首席执行官）

企业价值观

2010 年，奈飞（Netflix）首席执行官里德·哈斯廷斯（Reed Hastings）公布了一份长达 126 页的演示文稿，用于介绍奈飞是如何维持创新文化的，这份演示文稿在网上曾被疯传。在奈飞官网上，企业的核心价值观非常显眼，同时明确界定了行为和技巧。奈飞格外重视其价值观，并且将价值观作为企业创新文化的核心。奈飞促使员工在工作中坚决践行企业价值观。

由于价值观不再是一种公关活动，而成了指南针，因此我们建议读者重新审视自己对价值观这一话题以及对自己企业价值观的重视程度，并且思考：如果你是你所在行业或者市场的领袖，你会有哪些机会来重视价值观？公开承诺自己的价值观是个好开始，但接下来需要严格践行。我们在导言提到，企业在其公开声明中强调的文化价值观是一回事，在企业员工看来，企业对这些价值观的践行程度又是另一回事。全球价值观联盟和其他价值观活动及专家共同编写了《价值观宣誓书》（*Valzes Pledge*），以便企业向客户、员工，以及对企业很重要的其他群体传达一种重要信息，并且"践行自己的宣言"。

"坚持你的价值观吧！这是你成功的第一步，它能让你创造奇迹。"

——雷夫·奥弗（Rafe Offer，英国企业家）

价值观是根本，有些人把它叫作道德，有些人把它叫作"做事方式"，两者都是对的。

价值观通常以隐性方式存在，不属于正式的企业流程，因此通常不会被发觉。企业中人的普遍行为就代表这个企业的价值观，从而形成企业文化，也就是利益相关者的"体验"。如何将经过深思熟虑后确定的合理流程付诸实践，这要受价值观影响。这种企业文化的影响力非常大，伊万·米斯纳（Ivan Misner）曾引用彼得·德鲁克（Peter Drucker）的话提醒我们："在文化面前，策略不堪一击。"

当今的商业环境高度复杂并且令人捉摸不透，整个企业的价值观意识有助于员工和企业更加轻松地应对。通过解释一系列核心价值观来明确表达企业的核心信仰、传统以及"做事方式"能够拨云见日，员工做决定时不再缩手缩脚，凡事都请示上级；人和人之间能够自由交流，从而激发创造能力和创新能力。不管是对于单独的事业部、地区部门，还是庞大的跨国公司，共同而明确的价值观都能够带来一致性体验，并且能够激发强烈的敬业精神。

"事实证明，在我们发现的杰出企业中，文化的优势和凝聚力是其重要品质，这一点毫无例外……文化的力量越强大，文化越是能面向市场，就越是没有必要制定政策手册、组织结构图以及事无巨细的流程和规定。"

——汤姆·彼得斯（Tom Peters，美国商业作家）和
罗伯特·沃特曼（Robert Waterman，美国管理学家）

充分利用核心价值观的好处

肯·布兰查德（Ken Blanchard）和菲尔·霍启思（Phil Hodges）估计，不到 10% 的企业有明文规定的价值观，而其中很多仅局限于嘴上功夫。核心价值观要产生作用，就需要落实到企业日常的角角落落，就要成为企业各层的决策和行为参考，从而作用于人们的日常。

"价值观是用来践行的，不是用来挂在墙上给人看的。"

——艾伦·威廉姆斯

在企业内部所处职位不同，眼中所见的企业文化和价值观也不同。最高管理层认为，财务表现、竞争性薪酬等有形的 KPI（即关键绩效指数）能够体现企业文化；职位较低的人认为自己的个人体验能够体现企业价值观，例如公开沟通、员工认同、领导是否容易接近等。其实这二者都能有效体现企业的文化和价值观。

那么你如何确保：你的利益相关者能深刻体验到你的企业价值观，并且这些体验在企业内自上到下是一致的。

每个员工都决定了企业文化和价值观的基调，而不仅是最高管理层。最高管理层要亲自表率，他们的一言一行都备受关注。但是不管身在何处，我们总会影响到身边的人。

企业要践行其核心价值观，就要学会向内观察：我们在做什么？如果我们的行为违背了核心价值观，那么其他人也会违背。要将价值观深深融入企业文化，每个人都必须在其日常决定和行动中践行并体现企业价值观，做到这一点可不容易。

企业首先要确立价值观，但这还不够，如果价值观很好，但只是流于一纸空文，则会导致灾难性后果，例如安然（Enron）丑闻和佳利来（Carillion）的倒闭。佳利来的价值观很明确："我们在乎你，我们共同努力，我们精益求精。"然而佳利来在工作中真正的文化却在自掘坟墓，很多针对领导者的调查显示，该企业文化纯属花言巧语，现实完全是另一种情况。大部分员工都不知道自己企业的文化是什么，却能够看到重视企业文化可能带来的好处，尤其是当践行和违背企业核心价值观的结果形成明显对比时。

"随着银行危机和其他企业丑闻的发生，企业领导者亟须把企业价值观放在心中第一位。"

——彼德·奇思 [Peter Cheese，英国特许人事与发展协会（CIPD）首席执行官]

企业在实践中体现的价值观对其声誉和业绩具有重大影响，有时候人们及其企业可能还以为自己很优秀，以为一切都好着呢。在《视而不见》（*Wilful Blindness*）一书中，作者玛格丽特·赫弗南（Margaret Heffernan）探讨了有影响力的"聪明人"故意对关键事实避而不谈，对致命错误和欺骗视而不见的现象。但是，一旦辜负了利益相关者核心社区的信任和期待、违背了职业标准、违背了法律体系中的道德标准和惯例，那么离灾难也就不远了，牵涉其中的每个人都不能幸免。

底线

很显然本真性是成功的关键。现在企业流行说自己是价值观驱动型企业，然而对于有些企业（尽管可能为数不多）的利益相关者而言，企业的豪言壮语是一回事，他们感受到的事实却是另一回事，这些利益相关者包括员工、客户、服务合作伙伴、当地社区、投资者、股东和市民。如今价值观不再是挂在墙上的匾额，而是主流。价值观是指南针，当企业的每个决定和员工的行为有意识地以价值观为导向时，价值观的作用最明显。在价值观经济时代，成功的企业能够形成一种意识：要和所有利益相关者群体建立共同的价值观。

但是持续成功离不开持续努力，领导者需要在实践中协调。俗话说"熟能生巧"，有效的实践能带来改进，而且没有最好，只有更好。

"从理论上说，实践和理论没有区别。从实践上说，实践是实践，理论是理论。"

——尤吉·贝拉（Yogi Berra，美国教练、球队经理）

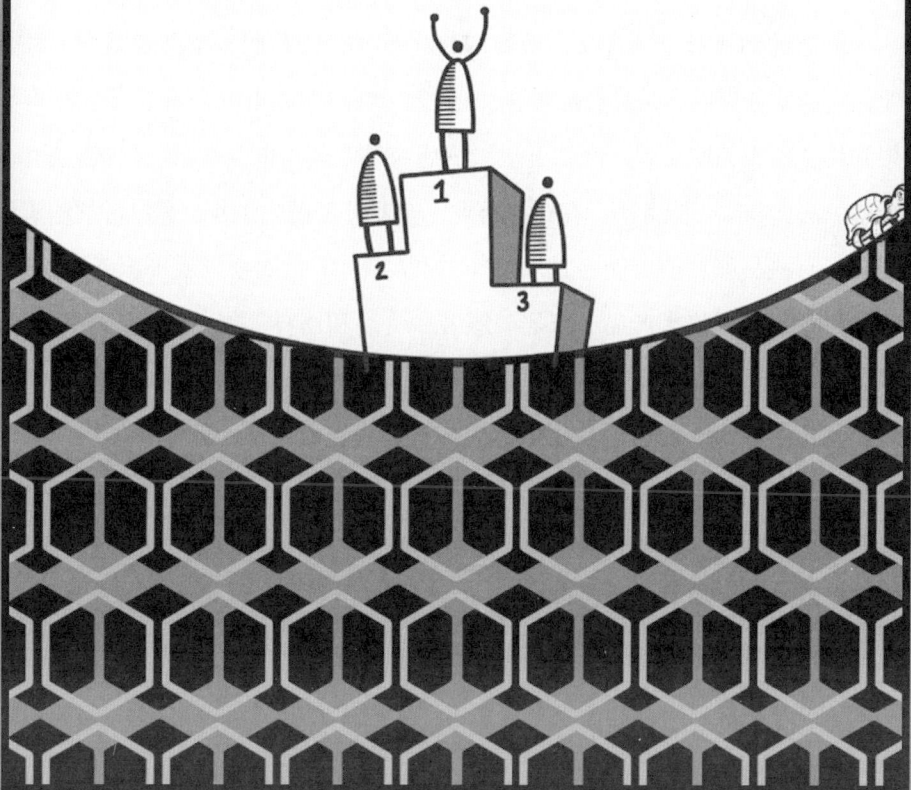

业绩

第二章
服务型品牌

"打造志存高远的企业需要百分之一的愿景和百分之九十九的协调。"

——吉姆·柯林斯（Jim Collins，美国管理专家）和杰里·波拉斯（Jerry Porras，美国作家）

本书的很多读者可能觉得"服务型品牌"这个词比较陌生，以为它只是一个新造的词。对于其含义，最通俗的解释可能是："服务型品牌是指一种企业，它的服务提供者是其产品或主张的核心要素。"在 B2C 行业，我们很容易想到传统的服务型品牌，例如五星级酒店或航空公司以及娱乐、保健、物流、金融、法律和医疗服务等。在这些行业，企业员工提供服务，客户付款购买该服务。有些品牌之前可能一直被看作"产品"，但是如今也成了服务型品牌，例如科技类及零售类产品（家居、服装、食品和饮料等），这一点尚有争议。因为对于这些行业的企业而言，单纯依靠产品优势已经越来越难以从竞争中脱颖而出，因为他们的产品相对较容易被人快速模仿。因此提供客户体验的人成为越来越重要的区别因素，而这不易被模仿。

除 B2C 行业外，服务型品牌一词也和 B2B 行业有关，例如法律、金融、物业、科技、管理咨询、呼叫中心等服务提供者以及合作组织，也涉及医疗、市政服务、教育、交通服务和社会服务等公共行业。我们甚至将服务型品牌方法用于企业职能部门，例如人力资源（或者叫作人与文化）、金融、计算机技术、企业不动产等部门，这些部门为企业内部的客户提供服务。

一个简单的概念

从某种程度上说，服务型品牌方法最简单不过了：专注于提供美好的客户体验，并且让一切"做事方式"符合企业的目标和价值观，即企业品牌识别的核心。服务型品牌方法是一种好方法，它能够让人在各种纷繁复杂的企业环境中拨云见日。

"少即是多。"
——克莱尔·布思·卢斯（Clare Boothe Luce，美国剧作家、政治家）

随着时间的推移，个人和群体层面都会协调起来，从而在企业内部各个层面践行企业价值观，甚至超出企业范围，影响到其他的利益相关者群体，比如服务合作伙伴。协调概念是服务型品牌方法的核心，因此本章一开始对吉姆·柯林斯和杰里·波拉斯的名言的引用恰如其分，第三章会深入探讨这个话题。反过来，如果日常决定和行为与企业表示的，对企业很重要的东西相符，则能够释放企业潜力，降低不确定、重复和浪费的风险，最终让企业的方方面面都呈现出强烈的本真性。信任感可以在不同利益相关者群体之间建立，但是当员工的行为和决定违背企业价值观时，这些价值观则被颠覆。遵守还是违背价值观，二者之间不存在灰色地带。服务型品牌方法因此能够促进本真性、增进员工幸福感，从而按照预期改善企业业绩，其他利益相关者群体也会受益于这些改进。

代表企业的人如今变得越来越重要。随着企业声誉普遍由基于产品向基于体验转变，人们在代表企业的人那里获得的体验决定了他们对企业的看法。同样，企业对待员工的方式和员工眼中同事的行为则决定了员工对企业的看法。

"把你的员工照顾好，他们自然会照顾好你的客户。"

——比尔·马里奥特（Bill Marriott，美国商人）

除非你的员工已经了解这些价值观对其日常活动的作用，并且了解这些价值观将如何改变其日常决定，否则宣传企业品牌识别（包括核心价值观）只能是白忙活。

框架

服务型品牌方法包括一个强大而有序的框架，它以大量错综复杂的基础、理论和思维方式作为支撑。这种组合揭示了一种内容丰富、结构复杂的方法，它可以实现企业的品牌识别并践行企业价值观，而媒介便是作为企业代表的企业成员的行为和决定。我们曾将服务型品牌方法用于不同的地区和文化领域、商业领域以及不同规模的企业，这些经历始终令我们振奋不已。我们的足迹遍布六大洲（南极洲只有零零散散几个案例），并且先后访问了30多个国家。具体的活动内容可能有所不同，但是整体而言，我们的方法和框架始终是一致的。我们的工作重点始终是：花时间解释服务型品牌方法的重要性，这种方法是如何起作用的及其实际操作情况，随后倾听并且了解各个客户的复杂情况，从而使企业自主决定妥善采用服务型品牌方法。

"我认为，领导和领导团队配合默契的企业的运行效率更高，这远比等级制度和命令管控式管理有效。但是我没法证明这个观点，因为没有模式。"

——马文·鲍尔（Marvin Bower，
美国管理咨询专家，现代管理咨询之父）

服务型品牌方法有个优点，那就是将实践和理论相结合。我们不仅能说清楚"哪些东西在起作用"以及"这种方法有什么好处"，还能在某种程度上深入回答"这种方法为什么会起作用"。读完本书，你就会明白服务型品牌方法如何将几个不同方面结合起来，从而产生一种有效途径。经验告诉我们，这个世界上根本没有灵丹妙药，所以我们认为服务型品牌方法是一张由相互连接的活动组成的蜘蛛网，能够为企业提供力量和支撑。

系统思维

系统思维是一种关键思维，需要分析系统中各部分之间的关系，从而了解情况，以便更好地决策。这和老旧的商业决策方式大不相同，因为后者把一个系统割裂成小碎片，并且单独分析这些碎片。支持系统思维的人认为，原来的思维方式无法适应这个激荡的社会，如今系统中各部分存在无数相互作用，共同构成了现实。根据系统思维，如果观察系统中各部分之间的相互作用，我们就会发现更多模式，观察这些模式就能了解系统的运作方式。如果这种模式有利于企业，我们可以做出决定来加强它，反之则可以做出决定来改变它。服务型品牌方法鼓励以五大要素组成的结构作为操作平台，而不是以企业架构为引导，从而形成这种"全企业"视角。

两个维度

有两个维度有助于解释服务型品牌方法的整体作用方式。第一是水平整合，我们需要了解五大要素之间的关系，这五大要素是品牌识别、员工敬业度、客户体验、系统与过程以及衡量与洞察，第五章到第九章将对其进行详细说明。

"企业文化和企业品牌实际上是一体两面，品牌不过是对企业文化的滞后体现。"

——托尼·谢家华（Tony Hsieh，美国企业家）

把品牌识别想象成起点，把客户体验想象成结果，通过足够的员工敬业度来达成该结果。对于任何企业而言，品牌识别、员工敬业度和客户体验都非常关键，因此需要在战略层面上保持协调，并且需要协调地执行。和你体验到的企业运作方式相比，这有何不同？根据我们的经验，很多企业的营销职能部门全面负责品牌识别，人力资源（或者称为人与文化）部门负责人事，即员工敬业度，而运营部门则负责提供客户体验，这些企业以大型企业（跨国公司）为主，中小型企业为辅。这三大职能部门通常单独制定其策略，相互之间不沟通，等到发现其策略不起作用的时候才震惊不已。品牌识别、员工敬业度和客户体验战略之间的协调及其协调执行能带来很多好处，同时能减少投入和（或）投资。在第三部分（实践）读者会看到针对前几个章节列举的多个小型研究案例。

系统与过程以及衡量与洞察这两大要素起支持作用，明白这一点非常重要，因为我们发现企业内部往往有部门一支独大，根据我们的经验，这些部门通常包括财务部、信息技术部、健康与安全部等。当然，所有这些职能部门都很重要，只是不知为何，有些时候它们的主要职能被看成是提供协助，沦为核心业务的附属。服务型品牌框架可以用二维模式表示（图 2-1）。

服务型品牌方法的第二个维度是垂直整合，这涉及对每个要素利用战略、管理和实施这 3 个层面。要成功落实战略，就要制定明确的战略，辅之以适当的管理过程，并且采取有效的行动和方法来切实落实。

我们将通过一个实例对此进行说明。以员工敬业度要素为例，假设一个企业制定了一项"促进员工发展"战略，通过员工获取学习资源和在企业内

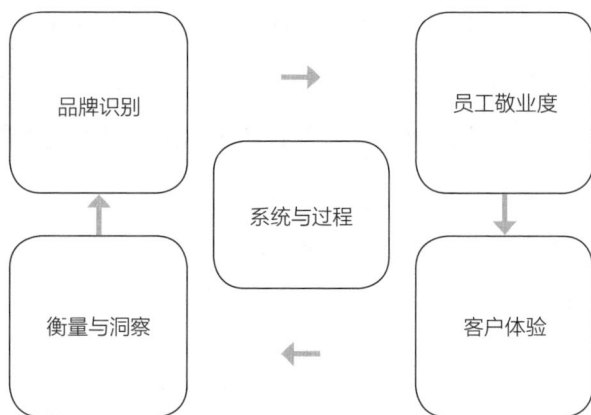

图 2-1 服务型品牌框架

部的晋升次数来衡量其结果。为了支持该战略，可能需要直接上级每隔 2 年对员工进行一次绩效考核，包括讨论员工的个人发展计划。实施该战略时，可能会有一个网络图书馆或者其他资源供员工使用，例如阅读资料、视频、活动、课程等。根据服务型品牌方法，在战略、管理和实施 3 个层面来衡量与洞察，从而了解战略的效果。因此可能有一个结果维度。例如，事业发展数据、绩效考核达标率或者参加学习活动的次数。现在假设这其中任何一个层面没有落实，即没有制定明确的战略，没有有效考察个人发展计划，或者没有提供促进个人发展的资源，那么这项战略是不可能实现的。所有这 3 个层面都必须落实，一旦少了其中任何一个，成功将极其渺茫。

也可以从 3 个维度来解读服务型品牌方法。

为什么选择现在？

我们认为，服务型品牌方法当前和以后的作用将非常强大，原因包括：

● **高度的透明化和相互联系**：社交媒体和普通媒体的曝光频率比以往更

高、范围比以往更广。在这个互联的世界，企业都活在聚光灯下。这意味着员工和客户对企业的认知被快速公开分享，而产生的持续不良影响则可能是非常危险的。每个触点都必须本真而积极，这比以往任何时候都要重要。另外，数字原生代对我们这个越来越依赖科技的社会非常熟悉，它开始有效影响着当代企业，这些受众将对企业价值在未来的体现方式产生重要影响。

● **变化的节奏：** 商界目前的变化速度是历史上最快的，而且以后只会更快。这需要更加灵活的去中心化工作方法，以便员工能够当场解决问题。员工需要全面了解企业所坚持的东西，这样一来，他们就能根据企业的价值观行事，而不必在日常做决定时事事请示领导。

● **商业模式的创新：** 如今有的企业结构很复杂，包括一个外包职能部门网络。典型的有呼叫中心、信息技术、财务管理、物流和安保。这种变化要求企业领导者深思熟虑：当第三方作为虚拟企业的一部分体现企业的品牌识别和价值观时，如何确保一致性。

● **"控制"重点的改变：** 企业其实就是代表企业的人。这意味着控制人们对企业认知的是企业的利益相关者，而不是企业本身。对于客户而言，通常最能影响人们对企业看法的其实是底层员工，例如收银员、停车场服务人员、接线员以及行李搬运工，而不是企业的首席执行官。从董事会成员到团队负责人，这些领导者的外显行为决定着员工对企业的认知。

● **人是感情动物：** 越来越多的神经科学知识都在强调情感在人类决策过程中所起的作用。情感连接的一个基础是感觉有共同价值观。如今越来越多的客户和员工认为企业代表着他们自身，并且是他们所在"部落"的一部分。不论你的企业属于哪个行业，企业是否具有本真性，以及是否"真实"变得越来越重要，这使得价值观变得越来越重要。

● **可持续的竞争优势：** 以前企业可以通过产品和服务赢得竞争，现在则不一样了，如今企业提供的产品和服务可以被模仿，而且有时候模仿速度非常快。企业和企业之间还有一个区别，那就是通过企业价值观所体现的"个性"。这比任何新产品和新服务都持久，尤其是考虑到如今产品和服务的寿命越来越短。

● **可量化的差异：**价值观得到协调以后，各种平衡计分卡的表现会明显改善，包括提高客户满意度、员工积极性和员工留存率以及增加销售额和利润。

服务型品牌计划

通过速率（Velocity）工作室，我们协助企业领导者团队制定服务型品牌计划。为什么叫"Velocity"呢？大部分人都知道，速率和速度有关，我们在科学课上学过，速率是速度和方向的结合。过去 5 到 10 年来，企业界一直很重视交付和速度。然而要提供有效支持，以便同时满足企业的短期需求和长期战略目标及愿景，最好的办法是协调各方的努力，精简过程，并且精准执行。如果方向选错了，走得再快都没有用。Velocity 工作室能够让个人和集体投入行动计划。而且关注点是未来、是可能性，而不是以历史表现为依据，因为商业环境的变化实在是太快了，过去的东西参考价值不大，而判断依据应该是未来的可能性和成就。简言之，这项计划包括 4 个步骤：

（1）以服务型品牌框架作为结构，设想未来最理想的状况。

（2）确定需要满足哪些需求才能实现这种理想状况，因此需要列出一个激动人心的愿望清单。清单活动通常包括企业现有方法和做法，也包括新计划。经过多年努力，我们专门开发了一个干预工具包为企业提供参考，包括客户路线图、已经获奖的《31 种方法》（这有助于在日常活动中践行企业的价值观），其他来源的计划也可以加入其中。

（3）切实讨论：需要哪些资源，即企业内部和外部的人员、资金、方法和专业知识；由谁负责落实各种活动；时间框架，我们建议这个计划为期 2 年。这就是服务型品牌计划。

（4）实施管理框架，以确保服务型品牌计划按预期进行。这个框架可以由企业自己管理，有些领导者则觉得最好能让外部客观的"善意良知"去监督。

在做以上准备工作的过程中，有些企业一开始会对服务型品牌进行由内而外的评估，从而了解采用服务型品牌方法以后企业的表现。有些企业更喜欢专注于未来，因此会直接实施服务型品牌方法。

从单个业务部门到跨国公司以及企业内部的支持职能部门，在不同地区、不同行业的各种规模的企业中，服务型品牌方法得到了成功而广泛的应用。这是一种久经考验的协调管理整个企业的方法，它不依赖企业结构，从而在结构化框架内留出自由空间来灵活应对多变的环境，有助于为企业品牌识别特征中的所有活动提供支持。与此同时我们明白，服务型品牌方法并非"灵丹妙药"，世上也没有"灵丹妙药"。我们希望读者能够根据自身情况探索这种方法，完善这种思维和理念，并且将整个方法付诸实践。

如果你不愿继续看简介，而是想直接了解方法，请直接阅读本书第二部分，这一部分将具体探讨服务型品牌方法及其各个要素。但是不要忘记阅读第三章和第四章，前者探讨协调性这一基础话题，后者则介绍服务型品牌方法的产生及演变过程。

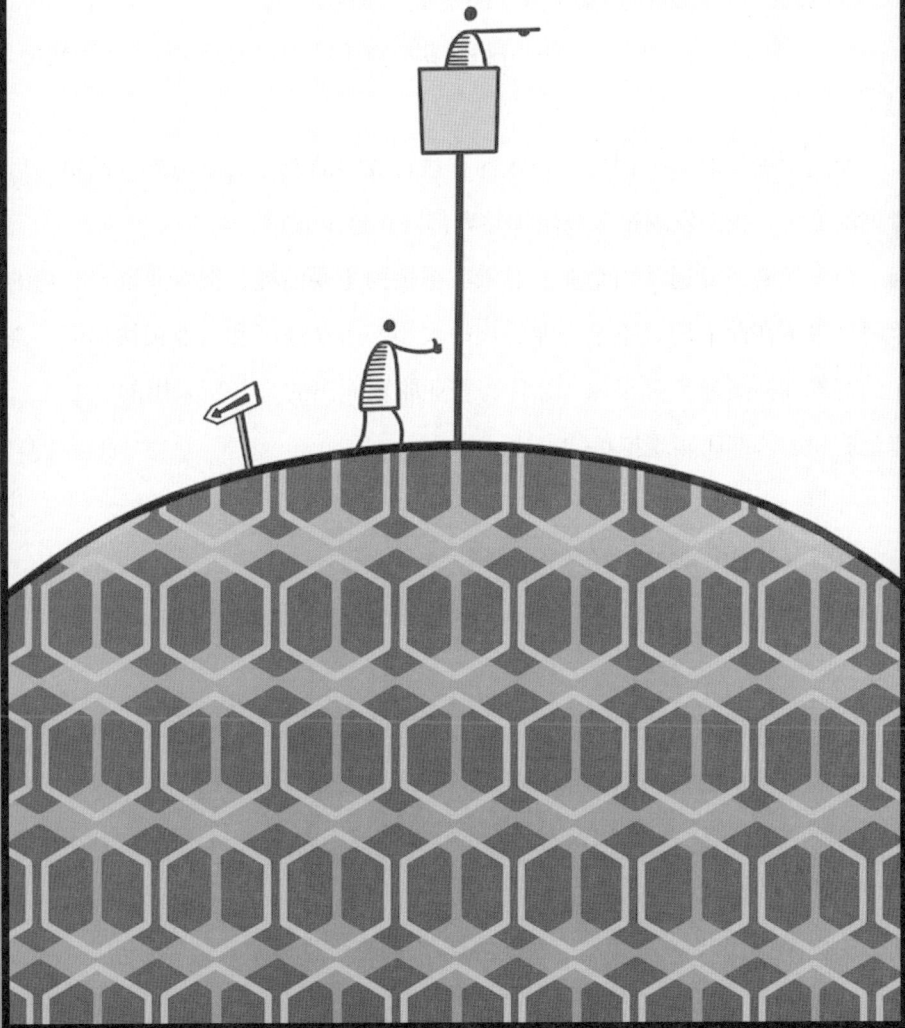

第三章

协调

"吹奏交响乐靠的不是某个人，而是整个乐团。"

——H.E. 勒科克（H. E. Luccock，美国教授）

制定明确战略是一回事，企业拥有执行战略的能力又是另外一回事，后者难度更大。我们发现很多高层领导者都同意这个观点。

很多战略研究通常以企业的愿景或抱负为主要前提，但企业取得成功的原因根本不在此，而且不论企业的规模大小、所在地区和行业板块如何，企业的愿景和抱负通常都很像。让优秀企业脱颖而出的是其所采用的"方式"，即企业和运营部门实现抱负的方式。

"最初战略可能不止一个，但选择只有执行。"

——约翰·邦德（John Bond，英国演员）

答案通常在于企业本身，在于一切事情的运作方式。但是这个问题比较复杂，因为涉及各种内部结构、框架、经营方法以及职能或者部门，有时候还涉及不同的观点、目标以及对轻重的权衡。

成功的关键在于企业的协调性，对于价值观经济这种新范式、这把双刃剑，确保企业协调格外重要。高度协调将会被利益相关者群体认可并称赞，并且能够实现广泛的积极影响。然而如果企业说一套，企业员工做决定和办事情的时候又是另一套，这种言行不一致有可能会给企业带来非常严重的后果。

"好的企业领导能够设定并明确表达企业愿景，始终对它满怀激情，并且不遗余力地实现它。"

——杰克·韦尔奇（Jack Welch，通用电气董事长）

但是协调其实很难，10家企业中有9家无法执行其战略愿景。平均有95%的员工意识不到或者不了解他们企业的战略。如果这些企业是一个乐团，你觉得他们会奏出什么样的音乐？

什么是协调？

协调最基本的意思是"作为一个整体运作"。企业战略协调是指，在企业职能、部门和运营单位（横向）之间以及从董事会到一线（纵向）之间，让企业战略符合企业文化。要促进纵向协调，我们鼓励客户从头到尾地思考企业的每一个目标，将其划分为战略、管理和实施三方面。换言之，要问自己"战略目标是什么"、"需要落实哪些管理过程"以及"哪些得到了落实"。在第二章我们以一个企业实例来说明，这个企业的战略目标是"促进员工发展"。

企业外部也需要协调，包括与用户、当地社区、市场以及客户的协调。协调是一个过程，在企业规划过程中的每一步，也就是从制定到落实的过程中，需要进行谨慎而精细的管理，以便协调企业的愿景与企业领导的目标愿景、各个部门、企业文化以及每一位企业员工。

"明确就是速度。"

——肯·珀尔曼（Ken Perlman，英国乐器演奏家）

　　如今大部分高级管理人员都知道需要协调企业，知道要实现企业目标，就需要对企业的战略、组织、资源和管理系统进行布局。可问题在于，高级管理人员往往专注于其中一个方面而忽视其他方面，然而真正决定企业业绩的其实是所有这些方面的整合。

　　想想领导其市场几十年的麦当劳，它是如何做到每天为全世界超过百分之一的人口（也就是 7000 万人）提供食物的？这些客户遍布全球。设计并且管理可以扩张的过程和路径以及形成一种工作文化，从而以可预测的（因为可预测，所以可管理）的数量、质量和成本在全世界销售简单、独立的标准化产品，这需要付出惊人的精力。规模经济最大化是麦当劳产品中心业务模式的核心，麦当劳企业组织的设计以效率为中心，其表现形式是：绩效责任制、高度分工、特殊任务流程化以及销售点协作。

"最重要的事情是，始终把最重要的事情放在第一位。"

——斯蒂芬·科维（Stephen R. Covey，美国潜能导师）

　　乔纳森·特雷弗（Jonathan Trevor，雅虎 Pipes 服务主管）和巴里·瓦尔科（Barry Varcoe）把企业协调设想成一个被严格管理的企业价值链，它联系着企业目标（我们要做什么，为什么要这么做）、企业战略（为了成功实现我们的目标，我们正在尝试什么）、资源结构（我们依靠什么取得成功）以及管理系统（通过什么来实现我们的优秀业绩）。这和服务型品牌方法有很多相似之处，只是服务型品牌方法还关注企业员工，他们提供与品牌相协调的客户体验。

企业文化的重要性不容小觑，而企业协调不单单是一张流程图。价值观的协调是服务型品牌方法的一个基本原则，也是一块基石，只有价值观协调了，才能切实带来各种企业变革。

协调有什么好处

我们认为，企业协调会带来很多好处。当然，企业和企业的具体情况不一样，对于有的企业而言，协调能带来各种各样的好处，有的企业则不然。有的企业得到的好处很明显，有的则不然。一般说来，企业协调的好处可以归纳为3种类型：企业业绩、员工忠诚度以及企业敏捷度。

"协调是一种状态，在这种状态下，企业的关键要素得以整合，相互配合，从而带来增长和利润。"

——乔治·拉博维茨（George Labovitz，美国管理学教授）

如果员工能够了解自己的每个目标，并且了解这些目标与整个企业目标之间的关系，那么他们对工作就会更加投入。因为他们能够看到自己在促使企业成功过程中所起到的作用，便能够专注于提高工作的技巧和效率。员工生产效率的这种提高自然会带动企业的业绩增长。有的企业能够出色地实施项目，同时能够实现战略协调，这种企业的项目成功率为90%；有的企业则不重视战略协调，它们的项目成功率只有34%。另外有一项研究发现，44%业绩优良的企业的管理层在实现目标过程中的协调程度达到100%，然而表现不佳的企业则完全无法协调；财务表现出色的企业中，有67%建立了针对所有经理和某些较低级别人员的绩效管理系统，而表现较差企业的绩效管理系统的覆盖率只有28%。一项研究表明，销售职能部门和市场营销职能部门之间协调的企业，其年收益平均增长 20%，而无法协调的企业的年收益则平均下降 4%。

"如果大家齐心协力，那成功是迟早的事。"

——亨利·福特（Henry Ford，美国汽车工程师、企业家）

在所有其他条件一样的情况下，具有战略协调性的企业的员工敬业度更高，这可能是领导者最有效的着力点。当员工发现自己的努力换来企业的成功，并且正在实现企业愿景的时候，他们会精力充沛，会全身心地投入工作。研究表明，将企业业绩与个人表现挂钩是提高员工敬业度的一个最普遍的驱动力。

对员工忘我工作产生的商业价值再高估都不为过。研究表明，如果大量员工对企业不满意，旷工率就比较高，生产效率就比较低，员工离职率也高达 51%。在实践中建立一套共同的价值观，同时确保企业上下目标一致，这有助于提高员工对企业成功的贡献率。目标一致还能够将报酬体系同时与个人业绩和团队业绩紧密联系起来，从而形成真正的"绩效工资"文化。

我们喜欢希斯·范·里尔（Cees Van Riel，美国工程师与企业家）著作的简洁，他认为可以通过 3 种关键活动来实现内部协调：提供信息、提供激励以及培养能力。"提供信息"，即通过媒体和消息使员工了解并且熟悉企业对自己的要求，然后在中层管理人员逐级对员工下达指示时，与员工分享这些信息。"提供激励"时需要针对战略开展双向对话，还需要进行公开认可。"培养能力"即建立并且分配沟通资源，以便形成技能、习惯和知识。里尔强调，要成功实现内部协调，还有必要用到内部沟通的四大特征，即结构、传播、内容和氛围，并且要根据企业类型调整该框架，企业类型包括官僚型企业、问责型企业以及共同意义或者观念型企业。

"敏捷和稳定是相辅相成的。"

> ——沃特·艾基纳（Wouter Aghina，麦肯锡全球董事合伙人）、亚
> 伦·德·斯梅特（Aaron De Smet，美国商业顾问）和
> 柯尔丝滕·威尔达（Kirsten Weerda，美国商业顾问）

最后，由于变化的节奏呈现指数级而非渐进式，不管企业是否尝试领先于市场，企业的敏捷性多多少少能促使其取得成功。2011年的一项研究表明，为企业战略提供信息技术基础设施支持以后，企业的业绩大大提升，这和很多其他研究结果一致。然而这项研究的独特之处在于，作者发现"企业表现出的协调性完全受敏捷性影响"。换言之，协调性强的企业比协调性差的企业表现好，原因在于前者更敏捷。

为什么有的企业比较敏捷呢？目前尚未得到科学梳理，但是有人认为，和协调性差的企业相比，在敏捷的企业中，更多人可以做出更多、更快、更好的决定，并且在这个过程中得到信任。

研究结果一再明确显示，协调性强的企业比协调性差的企业表现好。企业变化越大，协调性就越重要。战略、目标和重要目的，这三者之间的充分协调会给企业带来巨大优势，因为每个人始终清楚接下来该做什么，而且所有人都向着同一个正确方向努力。结果就是，企业不必花太多功夫做决定，而是直接执行，因此在执行企业战略时速度更快。

"要相信服务提供者的决定。"

> ——艾伦·威廉姆斯和塞缪尔·威廉姆斯

麦肯锡的一份报告发现，敏捷型企业有5个基本"特点"，并且针对每个特点提出了一组新的"敏捷方法"。整体而言，该报告和协调方法密切相

关，尤其是服务型品牌方法。

如果努力提高可见性，并且提高由此带来的协调性，企业会更加灵活、高效，人心更齐，其他企业只能对此望尘莫及。这些企业更善于将机会变现。例如，能够很好协调市场营销和销售的企业，它的成交率能增加67%，从市场营销中获得的收益则增加209%。

目标更协调、更透明的企业，其领导团队能在多个项目之间更有效地分配人力资源，从而能更快地执行企业战略。不同部门之间不存在扯皮，企业能够做出一致决定，从而最大限度地利用资源，实现价值最大化，进而实现共同的战略目标。而且可以确保员工不会重复别人的工作，大家齐心协力达成企业最重要的目标，因此带来整体效果。

从长期来看，与过度依赖组织结构的企业相比，采用服务型品牌方法的企业或者具有类似组织结构的企业更善于自我完善。

"战略是必需品，执行是艺术。"

——彼得·德鲁克（Peter Drucker，美国知名管理学家）

缺乏协调性的原因

你可能会觉得很奇怪：如果协调性这么重要，那为什么还有这么多企业难以协调？

我们认为首要原因是很多高级执行人员没有注意协调性。你可能觉得首席执行官或者同等职务的人是负责协调的，但是根据我们的经验，很少有领导者这么看。他们关注的是，如何提高企业组织结构图中各事业部和主要支持职能部门的业绩。尽管组织结构很重要，但更重要的是企业。企业是一个复杂的选择系统，需要处理战略、任务、结构、衡量标准与信息、人员和报酬以及文化和领导者的事务。导致这个系统变复杂的关键因素包括员工人数、客户画像的范围、服务门类、沟通渠道和物理传播的广度（地区和时区）。

如果领导者能够站在系统角度观察其企业，他们就能准确发现不协调之处，并且做出调整以促进协调。通常情况下，领导者根本不会把这些组成部分看成相互联系、相互连贯的价值链。因此有许多个人和群体负责企业的不同部分，但是却没有哪个个人和群体专门负责监督企业的协调性。

领导者个体通常会向内看，想要最大程度提高其部门的业绩，而不会关注并且改进整个企业的协调性。他们眼里只有"业绩"，而且由于面临日常业务的要求和压力，他们对实现企业协调的可能性和好处视而不见，他们没有时间，也没有意愿去发挥协调性的潜力。这就导致各运营部门和主要支持部门的权力在多年以后扩张，而且投入时间、专业知识和资金建立了方法、过程和文化，结果通常却和企业这艘"母舰"无关。这样一来，难怪处理这一难题的很多首席执行官和股东会深陷困境。

我们之前说过，企业的复杂性导致不断提高协调性极其困难，尤其是在这个快速变化的商业环境中。企业 A 规模小、服务内容单一，客户集中在本地的一个地方，并且客户画像单一；企业 B 规模庞大、高度多元化，并且分布在多个地区，不论它们属于哪个行业板块，前者显然更好协调。很多企业实在是太复杂了，以至于个人几乎没有机会参与企业的设计和管理，或者不可能仅依靠个人来设计并且管理企业。正因如此，服务型品牌方法才格外难得，它能为所有决策者提供一个结构，使其将企业看成一个整体，而不是单个单位或者职能部门的集合，从而促进企业协调。像这样站在整体角度看企业还有助于回答一个问题："在什么情况下协调能增加价值，在什么情况下不能？"

我们认为，导致企业缺乏协调的最后一个原因是沟通不畅。很多读者以后会在不同行业、不同规模的企业工作。看看你所在运营部门或者职能部门内部的沟通次数，包括会议、个人讨论、内联网沟通等的次数，再看看你在整个企业范围内的沟通次数，你会发现前者远远超过后者，我们的经验也是如此，并且一旦努力加强整个企业的沟通，通常会因缺乏职能部门领导的支持而变得困难重重。协调的性质决定了需要具备跨职能的能力，包括向上和向下的沟通、整个企业范围内的沟通以及团队间的沟通，我们会在第十章提到沟通框架的重要性。

该怎么做

我们发现可以从2个层面来考虑企业协调。首先是概念层面，以下是通过服务型品牌方法思考企业协调的简单流程：

（1）明确描述企业的品牌识别。这是企业的特征和性格，包括目标和价值观。

（2）组建一个品牌代言人团队。将合适的人安排在合适的岗位，这样他们就能得到激励，取得良好的工作成果，个人和整个团队都比较负责任，并且值得信赖。

（3）提供与品牌相协调一致的客户体验，不论在何时何地，通过何种渠道提供该客户体验。

（4）通过共同操作系统与过程为上述工作提供支持，并且以可靠的定性和定量衡量与洞察过程来评估这些表现。操作系统与过程包括：企业层面的沟通、利益相关者关系管理、目标的透明度和可见性、共同的技术平台等。

这其实不难，有趣的是，我们发现盖洛普发布了一篇文章。这篇文章实际上总结了服务型品牌方法，并且提出了一些很好的问题：

● 除了客户协调以外，员工协调对企业经营结果究竟有多大贡献？

● 有的人已经做好准备，一旦上岗就能随时提供你的品牌识别和承诺的核心要素，你的企业能不能招聘到这样的人？

● 协调的客户或员工（如果有的话）是如何为品牌代言的？

● 品牌忠诚度和品牌协调性是如何相辅相成的？或者说，市场对品牌的诚信、正直、价值以及不可替代性的认知是如何与品牌协调相辅相成的？

"优秀的人总是会被不好的制度打败。"

——威廉·爱德华兹·戴明

（William Edwards Deming，美国质量管理专家）

对于企业协调，需要考虑的第二个层面是：企业在实际操作中的运作方式。除了企业结构以外，这正是企业模式所起的作用。在第四章中，读者会发现，服务型品牌方法是根据经验总结出来的，当时采用了几种不同的企业模式，但是似乎没有哪种模式能提供一个全面的解决方案。通过采用目标导向型企业模式，企业可以克服企业历史、能力和文化中通常存在的矛盾和两难困境，从而取得新的成就。尤其是企业会发现，在采用目标导向型企业模式的同时，需要改变整个战略，这至少能打造一个能够完善并且落实战略的优秀企业。除了有效利用企业模式本身以外，另一个关键促进要素是，维持整个企业内部以及不同计划之间的可见度，从而寻求协同并避免浪费。对于企业涉及的多个方面，关键在于能够把控并且进行充分协调。比如，让员工了解情况，同时使其不必疲于应付各种信息，在抓住重点的同时关注新机遇，在各负其责的同时积极实现团队目标。

"执行所有战略的关键都在于：不断实现能力、内部过程与客户价值主张的协调。"

——罗伯特·S.卡普兰（Robert S. Kaplan，美国商学院教授）

协调企业很简单，但是做起来却不容易。要费尽心机让企业的每个员工朝着同一个方向前进，并且在恰当的时间做出恰当的贡献，从而实现企业目标。

尽管过程不易，但成绩很可观。有的企业能充分协调，因此不仅能与战略相协调，而且企业本身成为战略的一个关键要素。这些企业发现，将战略和补充性的企业模式相结合以后，企业业绩会大幅提升。这些解决方案在多个层面上支持并且奖励更多积极进取的行为，因此经过一段时间以后，能够吸引并且留住资质更高、工作激情更强烈的个体，从而带来新的增长机会。最终会产生一种新的企业模式来充分协调企业员工与战略，而这种模式本身就能促进企业持续改进。

分享

第四章

背景

"成功是一场旅行，而不是目的地，行动往往比结果更重要。"

——阿瑟·阿什（Arthur Ashe，美国网球运动员）

服务型品牌的产生源于一个或一系列对企业起决定性作用的重要时刻。说到服务型品牌产生的背景或者环境，还得从 2002 年说起，也就是提出服务型品牌这个概念的 3 年前。一家全球资产管理公司当时正在物色一名高级管理人员，以便为四大银行中的一家银行及其英国办事处的投资组合建立账目。这一岗位的一个关键要求是：应聘者必须具备五星级酒店行业背景。本书共同作者艾伦·威廉姆斯曾经在一家五星级酒店和乡村俱乐部担任常务董事，他成功扭转了那家酒店的业绩，首次接连三次实现平衡计分卡达标，获得企业和整个行业的一致认可。能借此机会将他在酒店行业学到的技术用于工作场所环境中，艾伦·威廉姆斯对此感到很兴奋。

通过对相关服务合作伙伴及其 5000 名员工实施酒店式服务交付模式，本次派遣大获成功。3 年后获得多项服务合同，账户收入增加，营业额达 15000 万英镑，而最初只有餐饮合同，营业额仅 800 万英镑。为此荣获全球企业房地产经理人协会（CoreNet）全球创新奖（Global Innovation Award）以及由这家银行颁发的服务合作伙伴客户体验奖。设施管理公司和银行都急于探索一种共有合资安排，以便调节企业目标并且将其引入公开市场，瞄准全球大合同。为此这个小型管理团队计划成为股东，而这项商业计划的目标收益则为数十亿英镑。

关键时刻

然而在这家新企业正式获批前，设施管理公司的英国首席执行官换人了。新的首席执行官原来在这家企业的一个国际部门，他向全体员工公开发了一份长长的电子邮件介绍情况，说明他将如何为企业打造一个辉煌的明天。可不到一周，他就使企业陷入了一起前所未有的丑闻，企业因此不得不未雨绸缪，只专注于核心的餐饮业务。新的业务理念流产了，艾伦·威廉姆斯的工作也因此成了多余。

"最重要的不是你遇到了什么事，而是你对这件事情的反应。"

——爱比克泰德（Epictetus，古罗马哲学家）

经过这件事情以后，到了 2005 年 8 月，艾伦·威廉姆斯决定成立一家企业，并取了个好听的名字——管理咨询公司。艾伦·威廉姆斯做出这个决定时有点冲动，因此并未提出深思熟虑的商业计划，同时也有以下原因：

● 艾伦·威廉姆斯热爱客户服务，深刻理解一线人员对打造优秀品牌的重要性。
● 曾在多家大大小小的企业成功担任各种高级管理职务。
● 具有常务董事和总经理的任职经验，深入了解运营交付部门和多个专业支持职能部门，尤其是市场营销、人力资源、销售、财务、健康与安全、物业管理、收入管理等相关部门。
● 掌握广泛的商业人脉。

● 认识到大企业在决策过程中反复面临的窘境。

● 迫切想要与充满进取精神，立志成为市场或行业领袖的服务企业合作。

企业的取名过程很简单，想要体现对企业中提供美好客户服务的人的重视，强调企业品牌识别的力量，同时需要具备国际扩张的潜力，最好极具特色。于是很快便有了全球服务型品牌（SERVICE BRAND GLOBAL），随之调整为 SERVICEBRAND GLOBAL。

最初看来，这个想法似乎不错，企业将为各领域服务行业的企业领导者提供改善企业的支持和建议。但是很快发现这种"样样通样样松"的方法其实没有竞争力，因为人们通常只会针对具体挑战或者问题寻求解决方案。而且事实证明，很少有通用的企业管理方法，因为企业通常采用部门组织形式，各部门之间有时候会密切配合，但是更多的时候是单独运作，并且有自己的日程，就像一个竖井或者烟囱，见第五章。

艾伦·威廉姆斯曾与一家投资银行签署了一份为期 3 个月的合同，带领这家银行在伦敦办事处的企业不动产部门进行文化转型，这一经历促使他想要打造一个凝聚力更强、更紧凑，并且分类更明确的服务产品，而不是基于个人经验和知识的观点。开发并明确制定产品的创造性思维过程已被各种领导者用了 20 年，采用这一思维过程的企业取得了明显效果，并且不断取得成功，所以需要总结出这种方法作用过程的共同点。

核心主题

一个明显的核心主题是理论与实践相结合：了解能带来实际效果的理论，将理论用于实际，再了解二者之间的关系。多种商业模式或框架的工作经历向来也很管用，包括 EFOM 卓越模式、服务热情保证模式、投资于人模式以及服务利润链模式等。最关键的观点是，建立一个全面的企业框架来全面管理企业，而不是采用过分依赖单个职能部门和企业结构的方法。这些框架有助于在横向和纵向上将企业的各个职能部门联合起来，即积极动员全体团队成员，使其始终专注于整个企业的主要目标。有助于提高企业业绩的其他方法也被用于各种常见运营系统与过程，包括用于衡量与洞察的沟通渠道和方法。

虽然上述每种企业框架都各有作用，但也各有优缺点，而且似乎有一个共同缺点，即意识不到将所有活动与企业品牌相协调的重要性，这里说的品牌并非商标，而是个性和特征。因此催生了一种全面而简单的模式，它提供了一个强大结构，同时使企业可以灵活应对不同情况，这就是服务型品牌方法，其结构将在第二部分（框架）中详细介绍。

"专注且简单一直是我的人生格言。保持简单比复杂更难，你必须很努力才能保持思维清晰，从而让事情变得简单。但所有努力终有所获，因为一旦做到简单，你就会变强大。"

——乔布斯

演变

服务型品牌方法这一概念于 1996 年在伦敦金融城的主会场首次被完整使用，尽管当时人们没有意识到，这个概念之后被用于一个五星级酒店和乡村俱乐部（见第十章）。随后一家资产管理公司开始有意识地采用服务型品牌方法，这家公司经营英国四大银行之一在英国公司的投资组合。

自从首次被提出，服务型品牌方法 15 年来不断被完善和发展，同时与一套相关工具配合使用，其中有些工具是 SERVICEBRAND GLOBAL 自主开发的，有些则是与其他企业合作开发的，交付的项目涉及多个行业的多个层面。整个框架不断被用于全球或地区级大型企业的各种工作流，为期通常2到3年，较小的企业则专注于服务型品牌方法的某个要素或者某个特定工具（例如《31种方法》），甚至是只有一个工作场所的企业。所有这些客户都有一种积极进取的心态，并且都明白，对于负责提供令人难忘的客户体验的品牌代言人团队而言，以价值观为驱动的方法在取得可持续业绩过程中非常有效，因此这些大大小小的项目都获得了行业奖项。

为了有效支持服务型品牌这一概念性方法，公司在2010年开发了服务型品牌评估工具，这是一种巨大进展。然而很多客户不愿意通过这个评估工具来探索和学习，他们依然选择直接实施服务型品牌方法。

2018年"服务型品牌"在美国和英国注册成为商标，整个过程相当漫长，真正验证了本章开头阿瑟·阿什的名言。

第二部分 | 框架

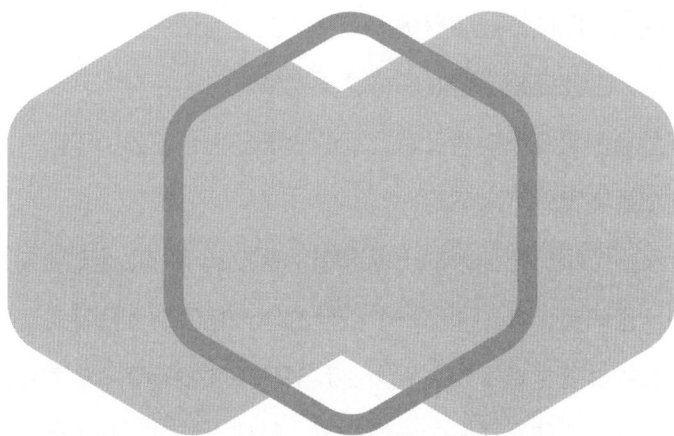

这一部分将基于第二章的概述，详细探讨服务型品牌框架。读完这一部分，读者将了解服务型品牌方法及其支持框架中涉及的良性循环。本部分包括五章，每章都将探讨服务型品牌框架下的一个要素——第五章：品牌识别；第六章：员工敬业度；第七章：客户体验；第八章：系统与过程；第九章：衡量与洞察。我们将概述每个要素，同时通过我们自己的经历以及他人的事例来生动介绍服务型品牌方法。

在阅读每章内容时，请不要忘记它们之间的关系。记得第二章强调，很多企业都是各个部门在单打独斗，每个部门各自为营制定战略，因此错过了很多改善整个企业业绩的机会。我们发现无论是大企业还是小企业都有这种现象。

服务型品牌框架各要素之间的协调与配合正是关键所在，下面这个真实案例可以证明。

某投资银行在伦敦的市场营销团队发起了一项活动，在伦敦市金丝雀码头地铁站展示一个醒目的巨大横幅，上面写着："某某企业的员工更健康"，人力资源部则单独发起了"骑着单车去上班"计划，即允许员工用税前收入购买自行车，从而大大节约能源。你猜怎样？人力资源部的资料丝毫没有提到市场营销部提出的"某某企业的员工更健康"这句话。这多可惜！而且这两个部门与提供客户体验的业务部门之间也没有任何协调或合作，后者也就是企业固定资产管理团队，这导致企业没有安全的自行车停靠点。

如果这家企业当时采用了服务型品牌方法，会有什么结果？员工收到人力资源部发出的通知。通知表示，根据"某某企业的员工更健康"活动，本部门支持员工用工资购买自行车。为了宣传该活动，一个引人注目的横幅被挂在地铁站。这家银行的私人停车场上出现了成排的自行车停靠点，以便员工安全停车，墙上还挂着横幅"某某企业的员工更健康"。地下室安排有淋浴设施，员工可以在上班前冲个澡。这样一来，通过协调考虑品牌识别、员工敬业度和客户体验，再加上后期配合执行，就能以很小的额外花费创造多得多的价值，这就是服务型品牌方法的本质。

勇气

第五章

品牌识别

"你的品牌就是别人在背后对你的评价。"

——杰夫·贝佐斯

"品牌""品牌化""品牌识别"这几个词有时候被混用。服务型品牌方法的第一个要素就是品牌识别。在本章我们将品牌识别看作：企业为了体现其个性和特征而创建的所有品牌要素的集合。根据品牌识别，客户、员工、服务合作伙伴以及当地社区等不同的利益相关者群体能够一下子认出企业。品牌识别能够在这些利益相关者之间建立联系，并且决定人们对企业的看法。有些企业领导者认为品牌识别不过是品牌名称和商标，它们固然属于视觉识别，但是企业完整的品牌识别则远远不止于此，它包括无形要素，例如企业目标和价值观，也包括有形要素，例如视觉识别和调性。总而言之，我们认为杰夫·贝佐斯上面的话完美地诠释了什么是品牌。

企业的脸面

如果要问"谁对企业的品牌识别负责"，我们猜很多人可能会回答"市场营销部""市场营销总监"等，这也难怪，因为很多企业都是这么做的。然而企业的品牌识别实在太重要了，所以不适合让某个部门来负责。尤其是对于当今社会，因为企业的任何缺点都有可能瞬间被数百万人知道。某酒店品牌斥资在电视上打广告，但是开车路过酒店门口时却发现广告牌是坏的；某个全新汽车展厅的角落里堆着成箱的产品手册，只因为展板还没送到；某个新网站宣传企业的价值观是"追求卓越"，然而网页上却有错别字；客服代表对你说的是一套，店铺服务人员说的却是另一套……如此种种，你是不是都习以为常了？

"品牌就是期待、记忆、经历和关系的总和，它们共同影响着消费者是否决定购买某个产品或服务。"

——赛斯·高汀（Seth Godin，美国市场营销专家）

站在客户角度你就会发现，企业展现出的每个细节都构成品牌识别，包括员工甚至外包员工带给客户的体验、包括建成环境和数字化体验。细节决定成败，作为品牌形象的一个直观体现，只需要想想客服人员的制服有多重要就知道了，而且远远不止于此。企业的品牌识别只对客户这个利益相关者有影响吗？当然不是。我们之前说过，如今品牌是由各种利益相关者共同拥有的。一个企业的品牌识别该如何展示给员工、服务合作伙伴和当地社区呢？关键在于确保所传达信息的一致性。在价值观经济时代，企业别想对一个利益相关者群体展现出一面，同时对其他利益相关者群体又展现出另一面。

品牌识别的组成

品牌识别实际上是目标或愿景、价值观、品牌属性、独特定位、服务型品牌特征（本章随后会说明）、视觉识别以及调性的组合。

首先，需要确定并且明确说明企业的目标和价值观。品牌目标或愿景体现品牌的追求或者品牌承诺要实现的东西，通常是为购买者实现的东西。企业可以通过定位和差异化来传达品牌目标，并且最终丰富品牌识别的内涵。这能够超出功能层面来体现品牌的更高目标，也就是品牌产生或存在的理由。更高的目标能让客户发现选择该品牌将获得的情感和社交好处。我们已经在第一章中初步讨论了价值观。这里的重点是，通过价值观来体现企业的特殊本质并且践行这些价值观。这对于员工尤其重要，因为有证据表明，个人对雇主核心价值观的追求是员工敬业度的最大驱动力（见第六章）。明确的目标和价值观为企业的集体目标和行为准则定下基调，最终将形成企业文化。

菲利普·科特勒提出的六步品牌理念模型很好理解，能够指引企业建立品牌。其中第1步至第3步分别是品牌目标、品牌定位和品牌差异化，这些都有助于建立并执行品牌识别。第5步到第6步是品牌信任和品牌善行，这在价值观经济时代尤其重要。科特勒教授将品牌信任描述为：客户相信品牌将会实现其承诺，他还将品牌善行描述为：为了其他人的利益而创造价值。

本书导言强调，在价值观经济时代，如今客户做决定时不再像以前那样主要依赖理性和经济状况，而是受情感因素的影响更多。因此品牌需要攻心，需要将客户利益放在心中第一位。好几本书中都在讨论情感营销理念，像星巴克创始人霍华德·舒尔茨（Howard Schultz）、维珍集团（Virgin）创始人理查德·布兰森（Richard Branson）以及苹果公司的史蒂夫·乔布斯，他们都是情感营销的模范，星巴克的"第三个喝咖啡的地方"、维珍集团的"另类市场营销"以及苹果公司的"创造性想象"都是典型。

以前大家普遍认为企业拥有自己的品牌识别。市场营销职能部门通常带头决定品牌识别，随后通过市场营销和（或）公关活动向目标受众传达该信息。但是在价值观经济时代则不一样，企业的品牌识别由客户、员工、服务合作伙伴、投资者和当地社区等利益相关者群体共同拥有。我们相信，未来最成功的品牌将不再专注于直接控制品牌的信息传达，而是以企业目标和价值观为指引，花工夫忠于自己的品牌识别。到时候企业将专注于使自己的利益相关者群体表达对品牌的感受，通过这些利益相关者群体有效发挥市场营销部的作用。

　　"以前我们对消费者说什么，品牌就是什么。如今品牌是我们在消费者中的口碑。"

——斯科特·库克（Scott Cook）

　　在数字时代，互联网社区中信息的流动更自由、速度更快，由于社交媒体所发挥的作用，这种对 B2C 环境中市场营销功能的新观点显得更加重要。之前我们讨论过由此带来的利弊：拥有明确而一致的品牌身份，并且人们眼中具有本真性的企业将得到赞美，而虚伪的企业则可能无法生存。诚实、原创和本真将是获得持续业绩的前提条件。

B2B 环境下该怎么办

　　研究表明，由于远程技术，B2B 品牌比 B2C 品牌能产生更多情感连接。尽管初看会觉得很奇怪，然而企业与 B2B 客户之间的密切联系却颇有道理。个人消费者买错东西的损失相对较小，因为大部分个人消费的金额相对较低，而且通常可以退款。即便不能退，消费者可能会要求商家做出解释，当然他们也会觉得这次购买是在浪费钱。但是企业采购则涉及大量风险：数百万美元采购项目的决策失误可能导致企业业绩下滑，甚至导致员工丢了工作。所以企业客户不会轻易购买，除非有牢固的情感连接使其愿意冒这个风险。

服务型品牌特征

我们用发明的词语"服务型品牌特征"（Servicebrand Signature）来描述一种独特的产品、模式或者特征，通过它可以识别一个企业。从最基础来说，这是一个标志、符号、标记、品牌或者象征。注意这几个与标志有关的词语之间存在微妙区别，有时候很相似。如果你拿到一杯咖啡，上面有星巴克的标志，你就会知道你去的是哪个品牌的咖啡店。还有更多巧妙的方式来强化企业的品牌识别，即需要利用人的五种感官。下面是几个例子：

- 呼叫中心机构说"感谢您致电某某公司"。
- 丽思卡尔顿（Ritz-Carlton）酒店说"先生/女士，很高兴为您服务"（你永远不会听到别的说法，比如"没问题""好的"）。
- 易捷航空（easyJet）的橙色制服和机场车辆。
- 索菲特酒店（Sofitel）在整个酒店放置香薰，给人一种沐浴在法国南部午后阳光中的优雅感。
- 高露洁（Colgate）已申请专利的独特牙膏味道。
- 手机或照相机品牌给人的"感觉"。
- 餐厅主厨的签名款菜品。

服务型品牌特征在提供独特的品牌调性过程中发挥着重要作用，品牌调性即用语、态度、品牌价值观的选择，它们可以向外部受众传达出独特的品牌个性。

服务型品牌框架的起点是品牌识别要素。一旦明确品牌识别的各个方面，则可以用品牌识别来体现企业的方方面面，重点在于员工体验和客户体验，我们将在第六章和第七章介绍。品牌识别、员工敬业度和客户体验这个

"品牌铁三角"能够确保企业的品牌识别是"生动"的，并且在多个层面上相协调：目标引导的决定和价值观引导的决定与代表企业的员工的行为之间的协调；不同渠道和利益相关者群体之间统一的品牌调性以及一系列更明显的服务型品牌特征。利益相关者群体会持续体验到相同的品牌调性，标志的使用方式始终一致，版式和颜色也一致。品牌有了自己的风格，利益相关者群体就能够从竞争群体中认出品牌，从而与品牌形成更深的情感连接。

本真性

我们在导言中介绍，本真性如今是企业梦寐以求的东西。然而深入探讨这个概念就会发现它有点复杂。什么是本真？如今很流行手工商品、当地咖啡店和小啤酒厂，从 2008 年到 2016 年，美国酿酒厂的数量增加了 5 倍，酿酒工人的数量增加了 120%。这些独立厂家主要通过贬低大型连锁店来建立自己的品牌识别，这就很有趣。依然以咖啡店行业为例，大型连锁店在 20 世纪 90 年代打下的市场最终被如今的小企业瓜分。如果大企业收购了其中一个"手工制作"企业会怎样？难道就意味着其产品不再本真了吗？英国的哈里斯 & 霍尔咖啡馆（Harris Hoole Cafe）成为特易购（Tesco）的争议源头，因为客户最初喜欢的是这家咖啡店独立的特点，最后发现这家连锁店的所有者竟然是个零售商，而这个零售商则因挤兑当地规模较小的竞争对手而出名。小型独立企业在所有权改变后如何保持品牌识别？被联合利华收购的本杰瑞（Ben & Jerry's）或许是一个典范。

"如果人们觉得一家企业品牌的价值观和自己的一致，他们就会忠于这个品牌。"

——霍华德·舒尔茨（Howard Schultz，美国前星巴克首席执行官）

有些企业会说自己的产品是"真品"或"正品"，这只不过是企业用来"说服"受众的一种传统的市场营销方法，或者说已经过时了。然而思想更进步的企业则会在背后下功夫，使市场营销方法与企业核心价值观保持一致，这才是本真品牌，能够获得忠诚的客户，而且客户基础会不断增长。

激情

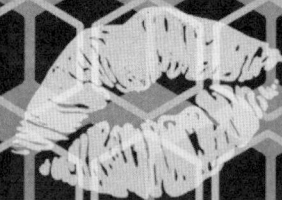

第六章

员工敬业度

"想让你的员工怎么对待最重要的客户，你就要怎么对待员工。"

——史蒂芬·柯维（Stephen R. Covey，美国人类潜能导师）

第五章介绍了服务型品牌方法的第一个要素，这就产生一个重要问题："应该如何体现并且落实企业的品牌识别？"读过本书第二章的读者会记得，我们将服务型品牌定义为"一种企业，它的服务提供者是其产品或主张的核心要素"。因此提供服务并展示品牌的人发挥着基础性关键作用，所以要格外重视他们，就像上面引用的史蒂芬·柯维的话一样。

我们把员工敬业度（即服务型品牌方法的第二个要素）定义为：代表企业的人对向客户提供美好服务充满激情，这些人包括直接招聘的员工、外包服务合作伙伴的员工、合同工以及兼职员工。如果员工能做到这一点，那么事实会表明：企业各个层面的决策都会考虑客户利益，并且对于整个企业需要怎样支持直接与客户打交道的代表会有一个整体认识。人们对员工敬业度有一个普遍误解，即认为员工敬业度就是员工满意度，其实感到满意的员工不一定敬业，敬业的员工会全身心投入工作，而满意或快乐的员工在公司可能只是"当一天和尚撞一天钟"。

"高度敬业的员工会改善客户体验，不敬业的员工则会破坏客户体验。"

——蒂莫西·R. 克拉克（Timothy R. Clark，牛津大学学者）

代表与员工

要顾及每一个代表企业的人，认识到这一点非常重要。我们认为，如果一个企业仅在乎提高全职员工的敬业度，那么这种方法存在致命缺点，因为并非所有代表企业的人都是全职员工，有些可能是管理公司计算机系统、呼叫中心或者其他职能部门的外包服务合作伙伴的员工，有些可能是临时工或合同工，甚至是随叫随到的兼职员工。这些不直接受聘于企业的非全职员工往往会作为代表面对客户，比如公司前台、停车场服务人员、行业奖颁奖现场的送餐员、呼叫中心的接线员、快递人员、电子信息（IT）工程师等，他们的行为会直接影响客户对企业及其品牌的感知。

服务型品牌方法鼓励对企业有全局观并且做出适当回应。有时候受劳动法限制，母公司不可能干涉其外包服务合作伙伴对其员工的管理。尽管这涉及一定风险，而且比较复杂，但是如果企业强烈希望改善非全职员工的敬业度，并且采取创造性思维方式，那么就有可能形成对各方均有利的结果。我们曾问过一家银行的人力资源总监："贵行在全球有 1500 名企业不动产服务人员每天提供银行办公服务，他们实际上代表贵行的品牌识别和贵行对员工的价值观，可为什么人力资源总监却不关心这些人是否敬业呢？"我们认为这个问题可以用来总结上述情况。

"外包不等于撒手不管。"

——艾伦·威廉姆斯

为什么要提升员工敬业度？

在本章读者将了解与员工整体敬业度有关的领域和更多具体建议。

拥有敬业的员工是实现众多企业目标的第一步。研究表明，员工敬业度和客户体验表现有关：在客户体验高于行业平均水平的企业，非常敬业或者比较敬业的员工占 74%，而其他企业中敬业的员工只占 31%。

在客户体验领域做到领先的企业，其员工敬业度几乎是其他企业员工的 3.5 倍。高度敬业的员工为雇主做贡献的概率是不敬业员工的 3 倍多，即便企业并未要求这些员工这么做，这些人提出工作改进意见的概率几乎是不敬业员工的 3 倍。如果需要加班完成工作，这些人加班的可能性超过不敬业员工的 3.5 倍。他们在工作中帮助同事的可能性是不敬业员工的 3 倍。拥有高度敬业员工的企业，其每股收益比同行高 147%。我们在导言介绍，如今员工和其他利益相关者群体共同拥有品牌，而近期研究则明确表明一线员工的重要性：38% 的消费者想从一线员工那里打听品牌的消息，只有 30% 的消费者想直接从首席执行官或创始人那里了解这些信息。

"最终决定企业声誉的其实是一线人员。面对现实吧！企业声誉才是真正的品牌。"

——沙恩·格林（Shane Green，美国商业顾问）

什么是敬业度？

"员工敬业度"这个词没有唯一公认的定义，福利专家、行业机构、人力资源顾问和学术界对其定义莫衷一是。但是大家普遍认为，敬业的员工通常对工作更投入，而雇主和员工之间在心理或感情上稳定的友好关系有助于培养出敬业的员工。感觉良好、热爱企业、工作充满意义以及将个人身份与工作相联系，这些都能够提高敬业度。设计的员工敬业度战略计划要能帮助员工的大脑分泌出多巴胺（期待奖励）、血清素（感觉良好、感到幸福）以及催产素（建立关系，感觉到与他人连接），从而让员工对企业产生好感。

"我们要创造条件，让员工进一步发挥能力和潜力。"

——戴维·麦克劳德（David MacLeod，加拿大导演）

　　员工敬业度有一个定义是"工作场所的一种态度，它能创造条件，让企业全体员工每天都状态饱满，每天都能竭尽全力做好工作、追求企业目标、践行企业价值观、主动促进企业取得成功，同时自我感觉越来越幸福。"

　　世界大型企业联合会（Conference Board）的一项分析表明，12家领先市场的敬业度调查公司提出了26个常见的敬业度驱动因素，其中8个具有普遍性：

- 信任和正直：管理人员的沟通技巧和守信程度。
- 员工绩效和企业业绩的联动：员工知道其工作如何提升企业业绩吗？
- 职业发展机会：员工在企业有成长机会吗？
- 企业自豪感：员工因受聘于这家企业而有自豪感吗？
- 同事/团队成员：这些人对员工敬业度的影响有多大？
- 员工发展：企业有没有尝试培养员工的技能？
- 与上级的关系：员工在乎与上级之间的关系吗？各级员工之间相互信任吗？

　　在《为成功保驾护航》（Engaging for Success）一书中，作者戴维·麦克劳德和妮塔·克拉克（Nita Clarke）提出了员工敬业度的四大驱动因素：战略描述（领导力）、领导者的魅力、员工的发言权以及正直。

狭义的员工敬业度

尽管对员工敬业度的定义及其驱动因素组合并未形成一致意见，但是对该领域的研究涵盖一些共同基础，并且理解和表达这些思想的方式差别不大。和某些其他视角相比，我们对"员工敬业度"一词的理解比较狭隘，因为服务型品牌方法的其他要素会涉及某些方面，例如品牌识别中的目标、系统与过程中的沟通框架。我们所说的员工敬业度要素仅涉及整个员工体验或者过程中的人以及人事过程，这个过程始于首次受聘，终于离职。如果考虑到有些员工正式离职后还与其在网络上保持联系，那么这个过程还包括离职后。

在第五章我们发现一项全球性研究结果表明，个人对雇主核心价值观的坚守是员工敬业度的首要驱动因素，并且根据我们的经验，以下因素有可能对员工敬业度产生明显的积极作用。

认同

认同能给人一种成就感，能够让员工感到自己的工作很重要。认同不仅能激发员工个体的敬业精神，而且被发现能提高产出，增加员工对企业的忠诚度，从而降低离职率。另有研究表明，37% 的受访者表示如果自己能得到更多认同，则会更加投入工作。和员工认同计划无效的企业相比，员工认同计划极其有效的企业的自愿离职率低 31%。这里的关键词是"有效"，因为你可能很熟悉或者听说过失败的员工认同计划，而且在落实计划时需要考虑一些重要因素。

我们坚信要把认同和奖励分开，这样的认同才最有效。该观点得到一项研究的支持，研究显示，82% 的员工认为给鼓励比赠送礼品要好。在与客户共事期间，我们建议要专注于内在激励，并且将内在激励扩大，而不是仅做外部动员。

关键在于使认同计划符合企业的核心价值观，以此将表现出的行为和价值观直接关联，从而践行价值观。这是宣传该具体行为和价值观的绝佳机会，经过一段时间就能形成企业传承，最终形成社会认同，并且促使员工践行企业的核心价值观。就像这样，将员工敬业度的两大驱动因素相结合会产生惊人效果。本书作者塞缪尔·威廉姆斯曾在一家信息技术招聘公司实习，该公司每月创收最多的员工会在当月最后一个周五提前下班，并且被邀请到高级餐厅享用美食和饮品。

"比起性和钱，人们其实更在乎认同和赞美。"

——玛丽·凯·阿什（Mary Kay Ash，美国商人）

我们发现很多认同计划最终结果是，某个个人或团队被以某种方式公开嘉奖，这也不错，然而只关注认同行为和被认同者的话，就会错过最重要的东西，因为更重要的是赞美并宣传在活动中认同的行为，这样一来，其他员工就会明白企业期待哪些行为，因此有可能效仿，所以具体明确企业认同哪些行为也很重要。例如，研究分析师安嘉丽（Anjali）采用虚构场景发起一个涉及三大洲五个部门的项目，并且在 3 个月内完成，因此获得年度价值观合作奖。项目团队成员、企业利益相关者和安嘉丽的主管都认同她的主动性、团队精神、组织技能、决心和韧劲。

所认同的行为类型也很重要。有相当一部分认同项目中，认同的是"超预期"或者某些超过预期的行为。这样做的初衷虽好，但是缺点很明显，为什么？我们请一群酒店企业员工考虑如何安排上班时间，有人喜欢超预期完成工作，有人喜欢按常规完成工作。其中有 20% 的员工选择超预期工作，

80% 的员工选择按常规。因此，为什么要把认同计划局限在 20% 的员工的行为，而不是 80% 的员工的上班表现呢？

认同巨大成就和业绩能给人想象空间，有助于形成积极主动且鼓舞人的氛围，但是我们建议，与此同时也要抓住机会考虑去认同那些看起来更加平凡、有时会被忽略的成绩。至此想起一件事，伦敦一家五星级酒店客房部有一个人，她负责打扫接待区的大理石地板并打蜡。她说那是"我的地板"，因此想要它一尘不染地迎接每一位顾客。多年来她一直在这家酒店工作，并且极少生病或迟到。和销售人员的单季度惊人成绩相比，难道这不值得认同吗？所以我们觉得基于价值观的认同格外有效。

另一个关键因素是认同的时机。有大量认同实在是太滞后了，当事人通常是事后被认同。再看看前面举的安嘉丽的例子，如果按照以下方法，将会额外带来多少价值啊？即在当年年初就宣布将有一项价值观合作奖，并且每月需要根据特定标准提名一些员工，以便选出最佳模范。接下来 12 个月的获奖者将被考虑有资格获得年度价值观合作奖。这样一来，企业所有员工都知道这项认同计划，因此会在接下来的一年努力表现，争取获奖，因此创造更多的能量，而不仅是事后颁奖。在选择时机时，还需要注意认同的及时性，即及时让员工明白自己表现很好，这很重要，因为认同太迟会让员工觉得这种认同不够真诚。这对于非正式认同尤其重要，非正式认同可以用于补充正式的结构化认同。

就认同而言，等级制度的作用很有意思。一方面，同行认同可以使管理者免于承担作为表扬守门人的职责。另外证据表明，与单纯的管理者认同相比，同行认同会大大提高客户满意度，从而提高财务业绩。而且我们知道，最高领导的亲自认同会逐渐培养起无限自豪感。比尔·马里奥特（Bill Marriott）获得的最高奖是总裁奖，这个奖颁发给救过人的合伙人，汉伯瑞曼诺将其员工称为合伙人（见第十章）。据我们所知，有些获奖者把总裁比尔·马里奥特写的表扬信保存很多年，有时候会摆在自己的办公室或家里。

员工体验

我们将在第七章探讨客户体验管理和客户旅程图这两个概念。我们认为，这些方法对员工和对客户同样重要。因为和客户一样，员工也是企业的利益相关者。无论是员工还是客户，企业针对这两者的目标有点像，那就是：吸引、挽留并团结员工、提高产出以及获得员工支持。在客户体验领域，客户体验一词英文 Customer Experience 的缩写 CE 被广泛使用，而"员工体验"一词及其英文 Employee Experience 的缩写 EX 的使用也越来越频繁。

"我始终相信，一个人怎么对待员工，他就会怎么对待客户。"

——理查德·布兰森（Richard Branson，英国商人）

客户旅程图方法可在整个就业期间用于员工。图 6-1 显示我们眼里员工体验的 11 个阶段。

1. 发现、获取信息、招聘
2. 入职前
3. 入职（岗前情况介绍和入职培训）
4. 报酬和福利
5. 学习和个人发展
6. 沟通、参与和反馈
7. 奖励和认同
8. 绩效计划、反馈和审查
9. 升职
10. 退休、解约或辞职
11. 前同事

图 6-1　员工体验的 11 个阶段

在操作、政策与流程以及计划过程中，甚至是在具体的触点上可以发现改进机会，从而提供严密周到且吸引人的宝贵的员工体验，同时从员工的立场和企业的品牌识别角度来评估员工。品牌识别和员工敬业度之间的协调是服务型品牌方法的一个基本特征，因为就像品牌识别和客户一样，员工体验并非孤立存在。当员工体验根植于企业的品牌识别以后，这种体验会更重要、更有意义。

举个例子吧！想象一下，你被邀请参加一家新创科技企业的面试，这家企业以极其昂贵的颠覆性产品和服务而广为人知。企业承诺要物色最出色的、表现最好的人才，并且公开表示不在乎应聘者的现状和核心价值观的差异。你准时到了面试地点，并且做了自我介绍，但是接待人员实在是太忙了，对你似乎不是很热情。30 分钟后你被带到一个昏暗的企业内部办公室，这里散发着一股难闻的气味，一把椅子随时都有可能散架。15 分钟后一个蓬头垢面的男人走了进来，看起来对你很不屑。他拿出一份复印效果很差的申请表让你填一下，说他 1 个小时内会来找你。对于这家企业的面试，你感受如何？

再来想象一下另外一种情形：这次你并没有被邀请去公司面试，面试官约你在你家附近某个你很喜欢逛的地方见面，并且提出要为你报销 20 美元的面试"准备费"。这次你感受如何？在员工体验中有意识地体现品牌识别就能产生这种价值。员工因此能亲身感受到品牌的价值和价值观，因而更能积极强化这种价值和价值观，并且将其传达给客户。这还有助于在企业中培育一种特殊文化，从而有利于吸引并挽留适合这种文化，并且更有可能在这种文化中茁壮成长的员工。

根据制定体验战略的传统方法，第一步是基于需求划分员工，即根据员工的希望和需求，将其划分为不同群体。并非所有员工都想要相同的发展机会、奖励和参与度。不同员工对于沟通和实践的兴趣度不同，在乎的报酬和奖励类型也不同。为了实现最佳效果，企业可以安排并提供能够迎合不同群体需求的体验。以价值观为基础的有效方法执行起来会很简单，因为它能吸引不同的员工群体，使其根据一套共同的价值观工作并且受这些价值观激励，尽管他们性别、种族不同以及有不同的资历、宗教信仰等。

领导力

"和以员工为核心的计划相比，你的直接主管更重要。"

——马库斯·白金汉（Marcus Buckingham，英国商业思想家）和柯特·科夫曼（Curt Coffman，美国商业作家）

员工与直接领导的关系可能是最强大的员工敬业度驱动因素，因此，专注于改善这一关系有可能产生最佳效果。领导力是一个很广泛的话题，它涉及激励、倾听和信任等主题。

我们认为，领导及其团队成员之间一对一的正式沟通和非正式沟通尤其重要。非正式沟通有助于建立人际关系，而比较正式的会议则能够提供框架和重点。根据事情的重要程度、团队人数的多少以及个人喜好，开会的次数应该有所不同，每月开一次会就挺好的。另外根据我们的经验，领导者准时出席会议（而不是将会议推迟或者取消）非常重要，因为这能够体现领导者对员工的尊重，表明领导者很在乎员工。

有迹象表明，受新冠疫情影响，实际领导方式发生了巨大变化。我们并不认为这是一种新现象，反而认为它早已存在，不过因本次疫情得到凸显。话虽如此，但是对于领导者有效加强团队成员的敬业度而言，切合设定实际的预期、同情、本真、减负以及明确目标，这些品质变得空前重要。

其他因素

除了以上因素，还有一些因素有助于提升员工敬业度，这其中包括企业产品和服务带来的自豪感、话语权、员工福利、工作环境（见第十八章）、机会和公平。归根结底，建立高度敬业的团队并没有什么秘诀。培养员工的敬业精神需要每个人持续不断地专注，包括执行领导层、中层管理者以及一线员工。每个企业都有其自身的环境，因此需要采取特殊的解决方法。根据员工的正式和非正式反馈，基于数据持续采取小幅行动，这会显著提升员工敬业度，有时候甚至会产生惊人的、可以量化的改进。

服务

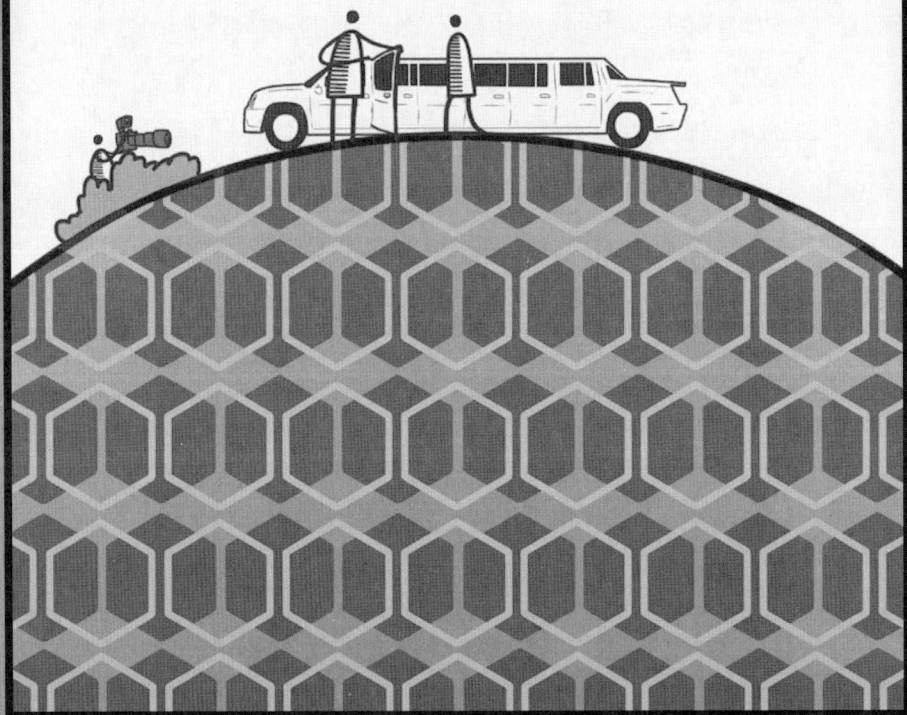

第七章
客户体验

"只有一个老板，那就是客户。"

——山姆·沃尔顿（Sam Walton，沃尔玛创始人）

创立服务型品牌方法的主要目的是，帮助服务行业企业的领导者设计并提供美好的客户体验。没有客户就没有业务，所以我们很认同山姆·沃尔顿上面的话，客户就是最大的老板。将客户体验要素看作结果，这个结果由框架中其他要素之间的协调和配合来实现或促进。我们将客户体验界定为，在整个客户寿命期间的各个阶段，客户在所有客户体验渠道以及触点的感受（体验）的总和。客户体验包括 3 部分：客户旅程、与客户互动的品牌触点，以及客户体验的环境，包括数字化环境。在传统的 B2C 环境中，各个行业其实不怎样用"客户"一词，例如医疗机构称客户为患者，俱乐部或者协会称客户为会员，地方政府称客户为市民，慈善机构称客户为捐赠者等。

"给员工发工资的其实不是老板，而是客户，老板不过是管钱的。"

——亨利·福特（Henry Ford，美国汽车工程师与企业家）

对客户体验领域的研究是近几年才开始的，其标志是客户体验专业协会在 2011 年成立，这个全球首家非营利性机构致力于促进并培养客户体验专业人才，其创始人布鲁斯·特姆金（Bruce Temkin，美国客户体验专家）发现，客户体验专业需要一个声音来促进其增长。

为了维持这项客户体验活动，第一步要找到共同语言和一种分享最佳惯例的方法。在首场大型活动中，特姆金告诉在场的人，他们需要以 customer experience（客户体验）的缩写"CX"来表示客户体验。近年来客户体验专业人才增长迅速，这个协会目前已有 4000 多名会员。它产生的最大的影响是，企业现在开始招聘客户体验人员了，而这在之前从未有过。而且一些人开始将自己视作客户体验专业人士，并且以此为傲。这对于维持这个专业至关重要，因为一旦人们自认为是客户体验专业人士，他们就会更加热衷于帮助其他的客户体验专业人士，即便后者在其他企业工作。

观察一段时间以来企业和客户之间的互动，我们发现就整体而言，原来的产品型经济正在向体验型经济转变，见图 7-1。

世界在变——从产品和服务到体验

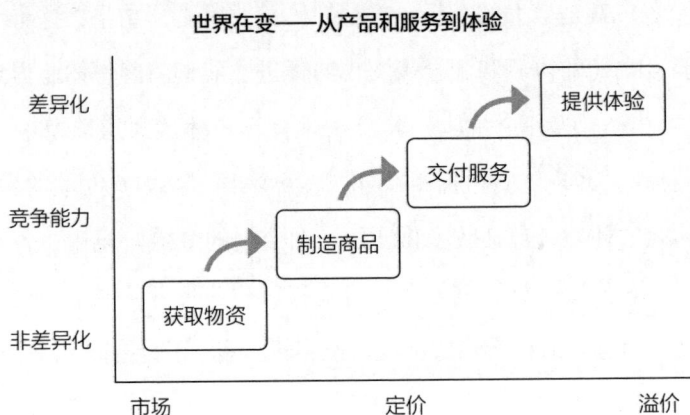

图 7-1　企业与客户之间互动方式的演变

《欢迎进入价值观经济》（*Welcome to the Experience Economy*），约瑟夫·派因（Joseph Pine）和詹姆斯·吉尔摩（James Gilmore），《哈佛商业评论》（*Harvard Business Review*，7 月 18 日）。

以咖啡为例，咖啡最初是作为物资来交易的，随后开始被作为"商品"出售，当时人们可以从店里买袋装咖啡豆，后来演变成了一种"服务"，客户可以去咖啡店买杯装的烘焙咖啡。再后来咖啡就成了一种"体验"，客户可以购买由烘焙师在品牌咖啡店里烘焙的，用品牌杯子盛装的咖啡，以这种方式提供客户体验的还有华特迪士尼乐园和迪士尼度假村（Walt Disney Parks and Resorts）以及耐克城（Niketown）门店概念。

有一次我们遇见一个工作坊服务员安东（Anton），他说："服务就是你提供的东西，而体验则是你可以带走的东西。"这句话很中肯，因此我们每次引用这句话时都要提到安东。

对于很多企业而言，客户体验是重中之重，有些专家则将注重客户体验视作先进的企业经营之道。我们完全认同客户体验的重要性，因为服务型品牌方法就是专注于让客户体验成为企业一些活动的中心，但是与此同时，我们认为企业和客户之间的互动有了进一步演变。正如在导言中所说，"体验经济"一词早在20多年前就出现了。我们认为对于客户而言，"体验"本身已经不能满足客户需求了，发展到现在，更多客户想要通过与企业互动来获得更多的东西，也就是某种更深层次的、更具情感化的东西。客户越来越想要了解企业表面主张背后的真实目的以及企业所代表和坚信的东西。

让我们回到上面关于咖啡的例子。目前我们迎来第五波咖啡浪潮，进入了一个新的分散化精品店接待时代，其特色是持续提供优质产品和服务，从而取得以客户为中心的、卓越的可持续经营成果。与此类似，自从2020年建店以后，咖啡俱乐部（Department of Coffee and Social Affairs）已经扩展到25家店，遍布伦敦、布里斯托尔和曼彻斯特，2017年又在美国芝加哥开了2家店。所以关键在于提供本真客户体验，时间终究会证明该如何大规模地维持这种客户体验以及能不能维持。帮助改善布隆迪咖啡种植户的生活的长程（Long Miles）咖啡项目也是一例。这些例子表明，与肤浅的客户体验相比，客户更想要一种更深刻、更富有感情的体验。另外我们认为，公平贸易（Fairtrade）这个例子就很明显，它表明只要客户认同产品的生产和上市方式，他们就愿意多掏点钱。

客户体验管理

企业通过客户体验管理（简称 CEM）控制并提供客户体验的方方面面，客户体验管理的定义是"为了提高客户满意度、忠诚度和拥护度而设计客户互动并且对客户互动做出回应，从而提供达到或超出客户预期的做法。"良好的客户体验管理能够通过差异化的、宝贵的客户体验来提升品牌好感度，这有助于提高客户忠诚度和拥护度。如此一来，现有客户的销售额会增加。通过口口相传，现有客户会带来新客户，从而产生新的销售额，同时能够通过回头客和老客户创造的口碑降低成本。

"客户体验就是新的市场营销。"

——史蒂夫·加农（Steve Cannon，美国商人）

不同客户体验管理的边界越来越模糊，客户体验是不分行业的。随着地域流动越来越频繁、流动范围越来越广，人们在不同地区、不同渠道或不同时间获得新的、不同的客户体验，在一个区域的体验会流动到其他区域。例如，互联网整体上强化了人们对即时服务的期望。如果人们在不同国家从不同服务供应商那里获得良好服务，或者通过不同渠道获得，他们就会期待从其他地方的其他人那里获得类似服务。

客户体验管理还因客户所在行业而异，这取决于客户的需求和愿望。

精力

尽管大部分的客户体验介绍都以取悦客户为中心，但是有一种学派持不同观点。研究人员在 2010 年发现，和取悦客户相比，减少客户解决其问题所花费的精力更能提高客户忠诚度。研究人员发现，在践行这一观点并帮助客户解决问题以后，企业能降低客服成本和摩擦率。以下标志代表客户体验活动需要投入较大精力：客户换渠道来解决问题、重复提供信息、服务毫无特色，以及客户转向其他代理。其他研究也表明"在需要花费较多精力进行服务互动的客户中，96% 的客户忠诚度会下降，而在需要投入较少精力进行服务互动的客户中，只有 9% 的客户忠诚度会下降。不忠诚的客户可能会让企业付出更大代价，因为他们会影响企业口碑，而且不会复购"。这一因素尤其重要，因为客户体验越来越数字化，证据表明有三分之一的客户只要经历过一次糟糕体验就会放弃自己热爱的品牌。

"在互联网客服时代需要牢记：你的竞争对手和你只差一次鼠标点击。"

——道格拉斯·华纳（Douglas Warner，美国医学博士）

客户旅程图

管理客户体验有效的办法之一是，通过绘制客户旅程图来了解并界定客户体验。这种方法有很多类型，我们主要强调其中几点，如果读者认为这种方法有可能管用，便可牢记这几点。一方面，要考虑客户的端到端体验，即便这种体验涉及一些你不能很好控制，甚至完全无法控制的方面。如果你是一家汽车企业，那么当地的停车场就是你客户体验的一部分，它会影响客户对企业产品的感知，即便这个停车场由第三方提供。如果这个停车场总是爆满、维护很差，并且车辆动不动就遭到故意破坏，那么这有可能影响到你的业务。

　　在客户旅程的每个阶段都需要考虑所有感官，从而设计并落实最佳客户体验。在一家银行的客户办公室，我们发现收发室的员工推着手推车穿过接待区。这里等的都是重要客户，而这辆手推车很吵，轮子嘎嘎响，这当然不利于维护这家银行想要体现的温馨而成熟的企业形象。我们在第五章通过几个例子强调：可以通过感官来凸显品牌客户体验的独特性。在第十四章你会发现有企业利用了人的 3 种感官。

　　　"你得根据客户体验来选择技术，而不是让技术决定客户体验。"

——乔布斯

　　另一方面，还需要考虑：在客户旅程的每个阶段或每个关键触点，你想让客户怎么想、怎么做以及有怎样的感受。以酒店登记为例，在客户回到酒店时对其表示欢迎，并且提供一张登记卡请其签名。这样客户就会知道，你记得他这个回头客，请客户提供签名能让客户感觉到自己作为回头客很受重视。随后可以把房卡做在一个钱包卡上，上面显示房号和客户签名，这样一来，客户入住期间在客房的所有服务都可以通过出示这个钱包卡来结算。这个钱包卡还可以显示与酒店设施有关的其他信息，在将客户领到客房之前，接待人员还可以询问客户是否需要订餐。

具体服务策略

　　在确定了希望客户对旅程的感受以后，就需要实施这一决定。根据我们的经验，提供始终如一的美好客户体验的一个关键办法是，落实详细的客户服务标准和操作流程。这些标准可以主观而笼统，例如设身处地去考虑并积极满足客户的需求，也可以客观而具体，例如电话铃声响 3 声必须接。操作流程有利于确保负责人按照规定的客户服务标准操作，例如规定刀叉柄与桌子边缘的准确距离，或者清理木质咖啡桌所用的特定方法和物品。这些流程之所以重要，是因为它们能够确保客户每次都能获得美好体验。如果负责执行这些服务标准的人不知道该怎么做，那就无法实现这个目标。我们遇到过酒店企业的一个高级副总，他格外注重服务标准和细节思维。他让部门经理们要求其所有团队成员必须详细记录自己做的每一项工作，他说："这样的话，假如有一天火星人来我们酒店，我们就可以按照他们的要求办。"

"细节决定完美，但完美不止一个细节。"

——达·芬奇

想象一下：像倒杯茶（加牛奶加糖）这种简单的事情究竟需要多少个步骤？第一步，走到橱柜跟前；第二步，打开橱柜；第三步，拿出马克杯；第四步，关闭柜门；第五步，把马克杯放到柜台上；第六步，取茶壶；第七步，把茶壶拿到水龙头旁；第八步，打开茶壶盖；第九步，转动水龙头……你数了多少个步骤？50 步？60 步？还是更多？现在再来想想，五星级酒店每个部门做这种简单的事情需要多少个步骤？数的过程可能会很痛苦，但是经过这种梳理以后，每个员工都会更加清楚地了解自己的工作以及自己需要达到的标准。有一家酒店觉得编写事无巨细的书面文件很麻烦，于是用视频展示如何打扫和整理客房。如果员工知道为什么要做现在的工作，那么工作结果也会好很多。

情绪和关系

尽管人们在不断完善提供服务的方法，但是有一个事实始终不变，那就是，作为人，我们有人的需求、动机和愿望。心理研究将人的面部表情划分为6类，对应6种完全不同的普遍情绪：厌恶、悲伤、快乐、害怕、愤怒和惊奇。有意思的是，其中4种是负面情绪。在日常活动中需要快速做决定时，这些情绪非常关键。比起有意识的理性决定，我们大部分的决定和行为都受我们对外部和外部刺激的情绪反应所控制。因此，通过分析客户的情绪，我们就能够站在更人性化的角度来更深刻地了解客户，从而改善客户体验。任何企业都可以设计一个基本过程来了解其客户的情绪动机，并且通过试验来观察结果。有的企业还投资于深入开展大数据分析，从而详细了解情绪联系，以便吸引并留住最重要的客户。其中最成熟的企业则将情绪联系作为一项广泛战略，从产品开发和市场营销，到销售和服务，这一战略涵盖价值链上的每一个部门。如今社交情绪分析领域已经取得很大进展，这有助于企业通过收集并分析社交媒体评论来了解普通公众的看法。与传统的客户调查相比，这一领域的数据量大到超乎想象。

　　"我们都受情绪支配。我们的情绪影响并决定我们的愿望、想法和行为，最终决定我们的命运。"

——T.P. 奇亚（T. P. Chia，美国教授）

　　研究表明，不管是积极的还是消极的，员工行为与客户的整体满意度高度相关，弗雷斯特（Forrrester）的一项报告显示，情绪（定义为人们对其体验的感受方式）是影响客户忠诚度的首要因素。对于情绪投入与忠诚度之间的关系，弗雷斯特的报告提出了4种主要观点。

　　首先，负面情绪比正面情绪的影响大。我们的大脑向来如此，因此品牌需要尽量避免负面客户体验。其次，情绪不仅能影响我们做出理性行为的能力，而且会改变我们的体验。第三，人对过去体验的回忆是有选择性的。通常只记得客户服务互动过程中的几件事情，这通常是客户体验过程中最强烈的部分，也是最后发生的事情。因此，每个客户旅程都有必要关注最后的几个阶段。第四，该报告强调，尽管截至目前已有大量关于情绪识别的研究，但是情绪识别领域本身很复杂，也不能做到全面，因此我们仍然无法真正了解自己的情绪。本书共同作者塞缪尔想起自己在英国维特罗斯（Waitrose）超市工作的一幕，当时有个顾客想买一份三文鱼，但是店里没有了，这个顾客没有车，没法去其他店买，于是在吃午饭的间隙，塞缪尔驱车去另一家分店取了份三文鱼，让这个顾客买到。这种购物体验能够让顾客成为品牌的铁粉。

"每种服务场景都是独一无二的，并且永远无法复制。"

——艾伦·威廉姆斯和塞缪尔·威廉姆斯

以上所有这些都在强调与客户之间建立积极情感连接的重要性，这能够带来商业效益。客户与品牌之间关系的加深需要经历几个阶段：没有情感连接；非常满意但是不充分的连接；发现品牌差异；非常满意但是不充分的连接；充分的情感连接。尽管这些关系在客户旅程中的每一步都更加重要，但是在最后一步的连接中会突然加强：与只是非常满意的客户相比，与品牌有充分情感连接的客户的价值通常要高出 52%。

"客户服务不应该只由一个部门负责，整个企业都应该重视客户服务。"
——托尼·谢家华（Tony Hsieh，美国企业家，Zappos 创始人之一）

好的一点是，情感连接值得我们为之奋斗，只是建立情感连接的难度非常大。考虑到庞大的客户数量，客户服务员工需要尽可能高效工作，也就是完全处于忙碌状态，再考虑到离职、调动和升职等员工流动，更不必说利用电子邮件、聊天、文字沟通及社交媒体等进行数字化交互……这些都没有现成的口头或者肢体语言可以模仿。

我们想起有个客户对一个叫比尔（Bill）的人评价非常高。比尔是伦敦一家酒店的接待，他总能为顾客安排订餐、电影票、出行等。这个客户说要是比尔哪天去另一家酒店了，她会继续选择比尔所在的新酒店。情感连接和情感关系的确非同寻常，企业可以通过各种结构与客户建立情感联系，但是根据我们的经验，成功的原因最终只有一个，那就是客户服务人员了解企业对美好客户体验的追求，因此产生一种想要与客户形成融洽关系的内在动力，并且以这种关系为傲。服务型品牌方法能够帮助企业实现这个过程。

一致性

这个话题的吸引力可能不如我们之前讨论过的其他话题，但是我们认为麦肯锡发布的一篇文章对一致性的解读很到位："一致性看起来可能不是很吸引人，但取悦客户的秘密正在于此。"品牌所有触点提供一致的客户体验，这是建立品牌信任的关键，能够专注于确保客户体验一致性的企业，其回报有可能相当丰厚，因为具备一致性的品牌比其他品牌的价值高出 20%。

"始终如一的客户体验总能让人很愉快。"

——杰克·索洛夫曼（Jake Sorofman，加拿大市场营销专家）

我们认为，一致性其实是一种神奇的东西，它能够让客户感到开心。说它神奇是因为它很稀缺，为什么稀缺？原因之一是我们的大脑构造倾向于及时享乐。在行为经济学中叫"即时效应"。"现在的我"通常会打败"未来的我"的行动，这有可能只是个传言，但是据说华特迪士尼的董事曾因是否要将其客户体验培训卖给其他企业而起过争议。有的董事认为这会泄露企业的秘密，从而会让其失去竞争优势，有的董事则认为没有人能真正做到学以致用。孰是孰非？一项调查结果显示，80% 的企业认为自己提供的东西无可挑剔，然而只有 8% 的客户这么想。我们觉得，你自己的亲身经历可以表明：持续提供美好客户体验真的很难。

"很多人说起客户服务来头头是道，不过客户服务落实到行动上，客户服务其实需要日复一日持续不断地坚持，需要服务人员时刻充满激情。"

——克里斯托弗·麦科米克（Christopher McCormick，英国企业家）

客户服务难以确保一致的另一个原因是，客户通过不同的渠道、时间和地点与企业互动，这会导致出现集中互动，使得单独的客户互动显得没有集中体验那么重要。麦肯锡的一项研究提出了确保客户体验一致性的 3 个关键因素：确保不同客户旅程之间一致（不论时间、地区或者渠道）、通过一致体验与客户建立信任关系、通过持续有效的市场营销沟通来履行承诺，从而强化这种体验。

"上次表现就是你最好的样子。"

——奥普拉·温弗瑞［Oprah Winfrey，美国著名演员、主持人，代表作《奥普拉脱口秀》（*The Oprah Winfrey Show*）］

问题的解决办法

在现实生活中事情有时候会超出预料，有时候客户会对其获得的服务不满。图 7-2 显示万豪酒店（Marriott Hotel）曾用过的一个模式，这个模式最初由迪士尼提出，我们觉得这是最好的模式之一。

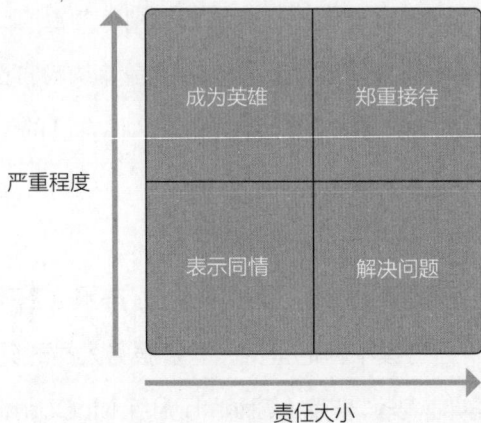

图 7-2　问题解决模式

　　根据企业的责任大小和客户所面临问题的严重程度，将整个区域划分为4个象限，以便做出适当回应。下列用几个例子来说明这一理论：

● 表示同情（问题不严重、责任不大）：例如，下雨了，一个会议活动的组织企业抱怨下雨影响到户外活动。

"我能理解您的感受，因为本来预报今天是晴天。我可以为您……"

● 解决问题（问题不严重、责任很大）：例如，一个客户退了件衣服，因为上面少了一颗纽扣。

"请问您是想要换一件新的，还是想退款？"

● 郑重接待（问题很严重、责任很大）：例如，有个餐厅服务员不小心把红酒洒在了组织餐厅聚会的人身上。

"对于这次意外我们真的感到很抱歉。我们会安排把您的衣服干洗一下，如果您想自己拿去干洗，我们会给您干洗费。另外，您下次来用餐时，我们将送您一瓶红酒以示对您包容的感谢。"

● 成为英雄（问题很严重、责任不大）：例如，有位客人把护照落在客房了，并且已经出发去了机场。

"我们在客房发现了您的护照，我们会安排人给您送到机场。"

所有情况的关键在于，问题是否严重是站在客户角度看的。客户不同、情况不同，问题的严重程度也不同。

"最不满意的客户给你最好的学习机会。"

——比尔·盖茨

LEARN 模式也叫"有效应对有意见的客户模式"，包括以下几个过程：

● 倾听（Learn）：要用心倾听，而不是照章办事或者与客户争辩。
● 同情（Empathize）：对客户的感受表示理解。
● 道歉（Apologize）：对客户的糟糕体验表示歉意，但这并不意味着承认错误。
● 回应（React）：处理情况，解决问题。
● 告知（Notify）：告知全体企业员工，避免再次发生同类情况。

在一个客户接待处，有个接待员建议在 LEARN 后面加上 Thank 的第一个字母 "T"，即表示感谢提出问题的人，因为只有他提出问题了，企业才有机会解决这个问题。因此，LEARN 模式变成了 LEARNT 服务补救模式。

客户体验有时候会出现意外，即便发生这种情况，采用适当的服务型品牌方法也能妥善应对。据说，和从一开始就没有出现意外情况的客户相比，提出投诉后得到妥善处理的客户，其忠诚度更高。把客户投诉看作一件礼物吧！因为这是一次难得的机会，可以让企业马上改善现状、解决问题，并且让客户形成强烈的忠诚感。企业还可以借此机会确定：为防止再次发生同类情况，是否需要采取更广泛的改进措施。

客户体验是一个很复杂的话题，和本书中其他章节相比，本章以更多篇幅来强调，作为服务型品牌方法的一个要素，客户体验究竟有多重要。我们并没有面面俱到，而是选择客户体验中的一些关键话题，因为这有助于强调一些重要观点和关键点。

质量

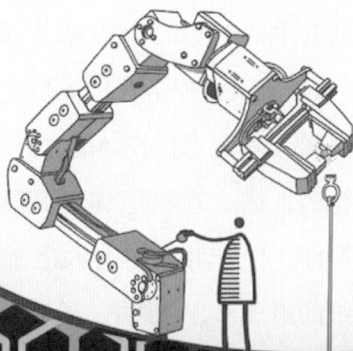

第八章
系统与过程

"系统与过程是开展工作的关键，但是不能替代工作。"

——西蒙·斯涅克（Simon Sinek，美国作家、黄金圈法则的发现者）

企业是一个有适应能力的复杂系统，它包括很多相互联系、相互交织的组成部分或事物组合，它们在一种机制或相互联系的动态网络中相互配合，从而实现整体目标。如果去掉或改变其中某个组成部分，整个系统都会受到影响。拉尔夫·斯泰西（Ralph Stacey，美国管理学教授）是研究复杂性的杰出人物，他指出，人类所有的系统都是不愿意被控制的"自组织"。人与人之间的互动是共同造成且不断变化的，每一个交流点都有可能出现多种结果。复杂环境可能包括大量相互矛盾的因素、动因组合以及潜在结果。

可以从不同角度来观察企业系统的组成部分。其中一个观点将企业看作不同职能的组合，例如人力资源团队是一个组成部分、服务团队是一个组成部分、外包供应链又是一个组成部分……这些职能相互依存。因此如果服务团队很优秀，但是人力资源过程和流程却不理想，那么整个企业的表现都要打折扣。

"系统本身没什么意思，却推动着我们的一切行动。"

——卡丽·威尔克森（Carrie Wilkerson）

系统与过程是服务型品牌方法的第四个要素。我们觉得这属于企业的基础设施，即一种资产组合。在执行品牌识别、员工敬业度和客户体验时，这种资产组合被用于确保执行的战略协调性与配合度。我们将系统与过程要素定义为：为了提供与品牌相一致的客户体验，对资源、操作过程、沟通框架、技术基础设施和治理的安排。这里的"资源"包括人员、职能部门、资金、物业和设备。

系统与过程必须专注于协调性和支持作用，这是因为，如果不能专注于此，那么系统与过程中不同部分的重要性可能无法协调，从而影响到品牌识别、员工忠诚度或客户体验。你听过下面这些话吗？

- "我们无法定位您的详细信息，因为系统需要案件编号。"
- "我无法为您提供热水，因为这不符合公司的健康与安全政策。"
- （在没有客人的餐馆里）"您有预订吗？"
- "请提供您的预约号，否则您不能参加本次活动。"
- "接收日期没法修改，如果接收地址没有人，我们会在第二天派送。"
- "您的部门经理提供了审批表，因此我只能向您提供统一表格。"
- "领取火车票时必须出示您购票用的信用卡。"
- "您的查询将由外汇团队处理。我无法帮您转接，而外汇团队不能外拨电话，所以请您拨打……"
- "我不明白为什么您当初订了这几个日期，我们一直是星期六送的。"

在所有这些例子中，出于种种原因，企业的系统与过程无法实现理想结果，有时还造成了实实在在的障碍。很多企业都有这样那样的问题：人们疲于走各种过程，花费大量精力来维护系统。"变相工作"也就是安排工作的工作，例如安排会议、项目规划或者进度审查，它可能比工作本身花费更多时间和精力。然而系统与过程可以做得很好。本书共同作者塞缪尔想起他在亚马逊退残次品的经历，那次体验很顺利。然而手机运营商却不承认其提供的合同，取消预订服务的过程漫长而烦琐，这让人很讨厌。

通过使用服务型品牌方法，企业能够持续专注于重要的事情，也就是品牌识别、员工敬业度和客户体验，从而对系统与过程的组成部分构成约束。用西蒙·斯涅克（Simon Sinek）在第八章开头的话说，就是不能让系统与过程替代工作。

"整体质量是首要原则，然而总会被很多管理者忽略。除非不断改进相互依存的人际关系，否则无法持续改进相互依存的系统与过程。"

——史蒂芬·柯维（Stephen Richards Covey，美国管理学大师）

过程

过程就是为了实现目标而需要完成的一系列任务。因此企业的过程专注于实现企业目标。不管是冲一杯咖啡，在组装线上组装一辆跑车，还是别的，都需要一个或多个过程。过程涉及投入、工序和产出。

企业每天通过完成过程来完成任务。过程越好，企业的效率就越高。有些企业将过程看作取得竞争优势的战略，这是因为以独特方式实现企业目标的过程会是一个加分项。如果过程能够降低成本，那么就可以为企业省钱，或者可以用更低的价格或更好的服务向客户提供价值。

"如果你连做事情的过程都说不清，那么你根本就不知道自己在做什么。"

——威廉·爱德华兹·戴明

过程通常解决效率问题，而系统则解决效果问题。系统得到完善以后，执行速度会提高。如果你工作速度很快，但是效果不理想，那么你可能需要改善过程。最主要的原则是，最好从过程着手。

我们建议你用统一模式来记录过程，这样一来，整个企业内部始终都是统一而协调的，每个人都很熟悉其使用的过程。

好处

有效的系统与过程对企业、客户和员工有多种好处。

首先，建立系统以后就能专注于系统设定的主要目标或主要结果。只有明确系统需要输出的具体内容，才有可能设计出系统来实现这些输出。有效的商业系统都有经过充分界定的明确输出，其设计也正是为了实现这些输出。有了服务型品牌方法，系统与过程就能促使企业代表提供与品牌一致的客户体验。

一致性是另一个核心支柱。如果每个人都能了解并采用系统，那么相同的工作总是能以相同的方式执行。一致性过程有可能带来一致性结果。一致的产品质量、服务质量、成本以及利润能够给所有利益相关者带来一种安全感。明确内容也很关键。如果能精准而具体地说明过程，那么这个过程所涉及的每个人都能对过程的要求、自己需要做的事情以及需要实现的输出形成统一认识。如果每个人对每个步骤都了然于胸，那么他们在开展工作过程中就更有信心，因此就不需要被密切监督。但是要确保这种一致性不会妨碍对系统的完善，如果能确保一致性，但是却无法达到最佳标准，那也不行。

"企业 94% 的问题都是系统导致的，只有 6% 的问题是人导致的。"

——威廉·爱德华兹·戴明

持续改善系统与过程能确保系统与过程始终都能得到审视和完善，从而能够继续实现目标，并且能确保系统与过程适合按某种顺序排列的步骤。随着时间推移，人们会获得实践经验，经营环境也会出现新情况和变化，这意味着有必要发展系统，使其继续有效并保持最佳状态。系统一旦明确，就很容易发现需要改变或更新的步骤。经过一段时间以后，可以对系统进行完善和优化，让某些步骤更快、更简单或节省更多资源。一个人从实践经验中学到的东西可以用于系统，从而在以后为使用该系统的所有人带来好处。这样一来，还有机会观察企业的其他系统，并且找到系统中可以精简或合并的部分，或者将不必要的部分去掉。

有效的系统能够让企业领导者充满信心，从而确保事情按照预期和计划进展；企业可以通过监督和审查有效的系统来控制重点经营领域，而不必尝试管控每一项活动。另外，系统与过程可以复制和扩展，因此尤其适合企业的成长，例如收购、新建经营场所和业务部门、开发新产品或服务。有了系统，进行大规模改变也会变得很容易。

"大部分企业都不乏优秀员工，除了优秀员工以外，能够永远立于不败之地的企业还拥有最好的过程。"

——彼得·德鲁克

沟通框架

有些人可能会觉得把沟通框架纳入系统与过程要素很奇怪，这可能是因为他们觉得沟通框架既不属于系统也不属于单一过程。我们觉得沟通框架是所有企业基础设施的一个关键部分，它可用于对所有利益相关者群体之间的沟通进行规划，这些利益相关者包括员工、客户、服务合作伙伴、投资者、同行、当地社区等。领导者可以通过利用框架实现高效沟通，让人充分了解企业，最终提高企业声誉。

根据我们的经验，即便没有整体设计或结构，企业也会自发进行沟通。而且不管是企业还是职能部门，它们通常注重内部沟通而忽略对外沟通，这对企业有什么影响呢？

2017 年开展的一项调查显示，员工认为沟通能够有效促进协作和协调，同时能避免孤岛思维：

- 39% 的员工认为，他们公司的人合作能力不够。
- 97% 的员工和执行人员认为，团队内部缺乏协调会影响任务或项目的完成。
- 86% 的员工和执行人员认为，缺乏合作或有效沟通会导致无效工作。

沟通框架的设计需要考虑：相关各方（发起者、内部和外部的目标受众），传递信息的目的、方式及内容，交付渠道（电子邮件、云、会议、内联网、新闻稿等）以及沟通时机和频次。

"我们发现，沟通最大的敌人是人们对沟通的错觉。"

——威廉·怀特（William Whyte，美国社会学家）

要建立沟通框架，首先要确定各利益相关者群体，并且说明你希望他们对企业所持的态度，这受品牌识别（见第五章）的影响很大。研究各种利益相关者群体并了解其沟通喜好有助于建立沟通框架。我们曾经收到一个欧洲团队的反馈，表示由于英语是有些同事的第二语言，所以他们更喜欢用直白英语书写的电子邮件。一旦说明期望态度，就会明确各种沟通类型中所涉及的各方，即发起人和目标受众。

为了确保信息传递不偏离正轨，还需要考虑传递的目标，即为什么要进行这次沟通？很多读者可能都会有这样的经历，他们参加会议似乎没有体现什么价值，只是因为"每个月都要开会"。我们听说有一个银行的高级执行官经常在伦敦办事处的会议室转来转去，有时候还会加入会议小组并且问组员："通过这次会议你有什么收获？"通过这种方式可以避免如今盛行的"为开会而开会"的企业文化。

要以品牌识别引导信息传递方式。例如，对于专门提供个性化服务的接待公司而言，它可能会向客户提供带有酒店总经理亲笔签名的发票，而瑞士手表生产厂家可能会尽量在交货的同时提供发票，以强调其时间观念。

最后就是信息的内容，也就是沟通的内容。不同的语言和语气会有不同的效果。万豪酒店将其员工称为合伙人（见第十章）。在马里奥特向全体合伙人提供的服务精神培训计划中，其中有一节课是关于使用积极用语和避免消极用语的作用。我们还听说，有一家铁路公司的客户满意度很差，经过调查发现，这家公司的一线服务人员把乘客叫作"人类货物"。措辞会改变人的思维方式。

可以通过大量的各种渠道来沟通，有很多工具专门用于促进各利益相关者之间的沟通，使用这些工具会让沟通更方便、高效。我们听说，有一家国际人寿保险公司在经过慎重考虑后，决定选择一个沟通渠道来指导具体类型的沟通，并且不断执行，直到这种沟通方式形成标准。还可以利用共享文件夹和协作工具，这样各个团队都可以获取并处理有关文件。我们建议要慎重考虑这些工具的使用方式，而不是任由员工自发而随意地沟通。

最后我们认为可以进一步加强对电子邮件使用方式的培训，从而提高经营效率。你有没有遇到过这种情况：有同事同时给包括你在内的十来个人发了一封电子邮件，问"周末要不要开个会"，这种电子邮件有可能导致一下子收到很多封邮件，并且需要往复好几次回复邮件，有时你回复的电子邮件会被覆盖掉，最终很可能导致确定会议花费的时间比开会时间还长，其实一个简单的共享日历工具可能更有效。

企业结构

企业结构被描述为界定企业内等级制度的系统。企业结构界定了企业中的每个岗位及其职责，以及它的上级。随后形成一种结构来确定：为实现企业目标，该如何经营企业。

企业结构有很多类型，包括比较传统的职能结构、部门结构、矩阵结构以及扁平化结构，每种企业结构都有其优点和缺点，而且每种企业结构有可能只在特定情况下对企业有用，或者在企业生命周期中的某个时间点上有用。

很多领导者发现，在陈旧或者无法正常运作的企业结构中经营会越来越困难。我们认为原因在于，传统的企业结构很容易导致竖井思维，因此太过死板，无法适应企业如今面临的动态环境。服务型品牌方法提供了一种全企业视角，从而使企业能够根据当前状况以及新出现的状况来设计并建立企业结构。

信息技术基础设施

信息技术基础设施库开放指南（ITIL Open Guide）将"信息技术基础设施"定义为"硬件、软件、网络、设施（包括所有信息技术设备）的组合，用于开发、测试、交付、监督、控制和支持信息技术服务"。相关的人员、过程和文件则不属于信息技术基础设施。

在经营型企业中，我们关注信息技术基础设施如何支持整个企业的经营过程，从而尽可能提高经营效率和效果。这个领域令人振奋，因为技术为服务行业企业带来了颠覆性进展，从而支持企业的品牌识别、员工敬业度和客户体验。

360度会议中心之旅、在线学习服务或者同日达……都是例子，信息技术基础设施还催生了新的服务型企业，包括爱彼迎（Airbnb）、优步（Uber）和户户送（Deliveroo）。

但与此同时，企业内部不同的信息技术系统之间却普遍无法"对话"，而且变更速度非常快，以至于今天专门设计的系统到明天可能就过时了。

"任何企业想要成功，首先必须成为一个系统，这样一来，企业的各个职能部门每次都能按完全相同的方式运作。"

——理查德·哈斯（Richard Harshaw，美国外交关系委员会主任）

完善

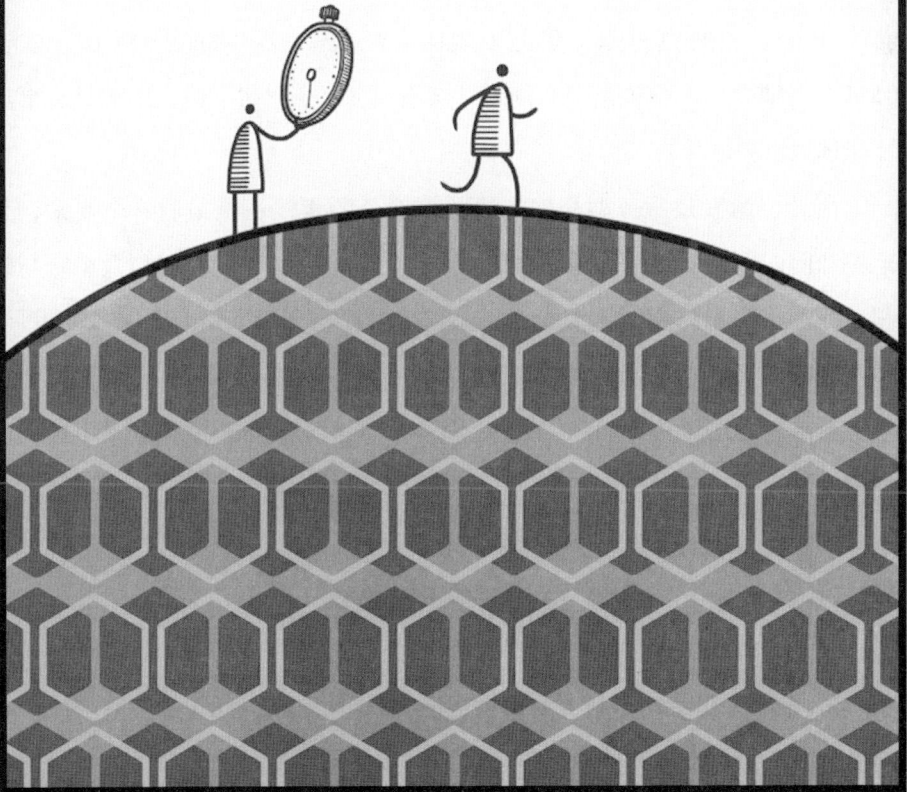

第九章

衡量与洞察

"参与其中才能产生影响，因为没有人在乎裁判的胜负计分。"

——约翰·霍尔科姆（John Holcomb，联合国人道主义事务副秘书长）

要产生影响就要有足够的影响力，即对某人或某事产生强烈的作用。影响力通常与企业内部的衡量与回报有关，彼得·德鲁克、汤姆·彼得斯（Tom Peters）、威廉·爱德华兹·戴明（W. Edwards Deming）以及开尔文（Kelvin）勋爵等人都说过"有衡量才会有结果"，此话不假，影响只有事后才能体现出来。

衡量与洞察是服务型品牌方法的第五个要素，也是最后一个要素，其地位和前四个要素相同，即品牌识别、员工敬业度、客户体验以及系统与过程。我们将衡量与洞察定义为，高效利用数据来全面了解企业未来的发展，包括数据的采集、解读、沟通以及决策。衡量与洞察要素旨在了解，企业在服务型品牌方法各个方面产生了什么影响，从而做出能够在未来产生最大价值的决定。

注意自己的需求

回顾从 20 世纪 70 年代到 21 世纪前 10 年的这段时间，企业管理层可能会发现"衡量标准"是一个关键话题。对于采用以衡量为基础的方法，比如关键业绩指标（KPI）、服务等级协议（SLA）和激励性薪酬计划，我们觉得是一种误导。

我们强烈建议借助衡量与洞察来决策和问责，因此本章将衡量与洞察作为服务型品牌方法的最后一个要素。衡量与洞察本身并非关键所在，得益于数字化革命，企业能够以更低成本更轻松地全面衡量企业活动，导致企业单纯而偏执地依赖衡量，觉得衡量"能解决所有问题"。但衡量只能帮助思考，不能代替思考。有些企业领导者将衡量片面简单化，导致出现了问题，有时还会带来非常严重的后果。衡量是把锋利的双刃剑，是好是坏则取决于领导者的参与度和参与质量，就像约翰·霍尔科姆在本章开头所言。

思考一下以下 2 个案例：

● 案例一：有个呼叫中心很在乎接线员接电话的速度，于是制定了个标准：电话铃响 3 声必须接，并且按照该标准来衡量和汇报结果。呼叫中心达成这个标准的接线员获得了奖励。但是随后有人提出，尽管目标已达成，并且已经支付了奖金，但是很多客户抱怨电话服务质量不好。经过进一步调查后发现，呼叫中心的接线员们只在乎能不能在电话铃声响第四声前接到电话，因此为了及时接电话，他们会在与客户通话过程中把电话挂断。

● 案例二：有家公共交通企业决定努力提高车辆进站的准时性，因此制定了一个标准：驾驶员延迟进站的比例不得超过 10%。为了达到这个标准，公交车驾驶员们为了赶时间干脆不进站了，因为他们害怕进站以后会完不成指标。

对金融服务行业的一项调查显示，在基于利润的支付模式下很难提高风险政策的合规比例。员工可能会认为，基于利润的支付表明企业真正在乎的是利润，因此会相应地改变其行为。因此，衡量和奖励计划很容易导致与理想正好相反的行为和习惯。如果能更加谨慎地思考：衡量和奖励计划的核心目标究竟是什么？可能效果会比较理想。比如，美捷步（Zappos）的客服中心会衡量每次来电的时长，同时采取奖励措施来提高客户满意度和忠诚度。

"为减少财政亏损而减少对创新与培训的投入，这就相当于拆掉发动机给超负荷的飞机减重。一开始你可能会感觉飞得更高了，但是很快就会尝到苦果。"

——奥巴马

美国诺贝尔经济学奖得主约瑟夫·斯蒂格利茨（Joseph Stiglitz）发现，"衡量的对象会影响我们的行为。如果采用的衡量标准不合适，那么就会向着错误的方向前进"。换言之，如果衡量标准选错了，行动就会出错。有人认为如果一件东西无法衡量，那么它就无法控制，这其实是个错误观点，衡量对象的选择远比衡量本身更重要。

我们赞同采取更广泛的衡量与洞察方法。自从 1992 年被提出以后，平衡计分卡经受住了时间的考验，我们希望企业能妥善利用。三重底线（也叫作TBL 或者 3BL）是最近才被提出的核算框架，它包括社会、环境（或者叫作生态）和经济 3 部分。为了产生更大的企业价值，有些企业采用三重底线框架，以更大视角来评价企业业绩。

衡量行为与持续行为

前文提到的客服中心和公共交通企业的例子表明，在衡量过程中过度依赖纯粹的数字会带来风险。除了定量评价以外，还需要对影响进行不那么量化的、更定性化的评价。在慎重选择标准或定量衡量措施以便提供努力方向的同时，还要采用一组定性数据，例如描述、讲故事和公开评价所提供的定性数据，从而明确对利益相关者中个人和群体的影响，这样就能更全面了解影响和产生影响的环境。

尽管讲故事看似无法通过数字来衡量，但是管理学大师亨利·明茨伯格（Henry Mintzberg）提出要牢记一个前提："真正重要的东西是无法衡量的。"明茨伯格建议，记住这一点，领导者就能够清醒应对挑战。讲故事是一种很好的沟通方式。

可以考虑坚持以下原则来了解产生的影响：

● **反思**：要知道截至目前产生的影响，就需要回顾自己走过的路或者产生的印象：有关同事、同行、职业、与你往来的人以及你领导的团队、部门或企业。这一反思过程非常有助于学习和进步，有助于创造新的价值并明确接下来的行动。

● **反馈循环**：在以前，企业在系统层面上发现影响、调整目标与计划的过程存在明显的时间差，也就是说，采取措施的时间和回顾过程之间隔得太久，动辄就是 6 个月。随着技术进步，这一状况正在转变，如今每天甚至每小时都能收到反馈。新的问题是：如何让人对反馈感兴趣，同时避免反馈引起的疲劳以及如何平衡定量反馈和定性反馈。好在 50% 的员工认为自己掌握了工作方法，并且认为最好能评价自己觉得需要采用却未掌握的工作方法。因此服务型品牌方法中的这个要素被称为"衡量与洞察"。有时候越简单的方法越管用：万豪酒店（Marriott Hotel）的每个客房都有一个客户满意度调查表，他们鼓励客户填写该表；维特罗斯（Waitrose）超市通过反馈链接提供顾客反馈卡。我们会在第十一章介绍另一个例子。

● **奖励**：几十年来，行为专家有力证明了奖励的作用，这是习惯养成的最后一步。这其中最有名的 2 位科学家可能是提出条件反射理论的伊万·巴甫洛夫（Ivan Pavlov）和伯尔赫斯·弗雷德里克·斯金纳（Burrhus Frederic

Skinner）。斯金纳的强化实验有充分的证据支撑。

"奖励是习惯中最重要的部分，正是因为有奖励，习惯才得以存在。"

——查尔斯·都希格（Charles Duhigg，美国商业作家）

金钱的确能够激发人工作的积极性，然而大量与绩效挂钩的奖励却有可能降低人们对工作的兴趣，从而影响工作效果。一些思想比较先进的企业负责人已经开始关注行为科学领域的某些发现，如果能深入了解员工的动机，从而设计新的工作模式和支付计划，以便在提高工作满意度的同时提高产出，那么大量企业负责人将受益匪浅。人是复杂的，很少只受一个动机驱动，不同的目标、愿望和想法代表我们不同的希望和需求。

爱德华·德基（Edward Deci，美国心理学教授）和理查德·瑞安（Richard Ryan，美国心理学教授）认为人有三大基本心理需求：自主感、胜任感和联结感。根据德基和瑞安的研究，金钱并不能满足这些需求。过分强调经济回报会影响自主感，从而影响内在动机。

德基表示："我并不是说不应该给员工发足够的工资，我的意思是，我们要跳出固有思维，不能总是觉得激励员工就是要在其完成特定任务后奖励他们。我们应该想想，怎样才能让员工通过工作来满足其需求，并且表现出色。"根据我们的经验，经济回报是非常有效的短期激励措施，并且在整个绩效战略中发挥重要作用，但是当人们作为集体的一分子而自发地努力工作、乐于奉献的时候，他们对工作会更投入、更主动、更热爱。在第六章中，我们着重介绍基于价值观的认同为何会成为如此强大的工作激情驱动因素。

实际应用

　　本章最后，我们分享一些事例，通过这些事例体现衡量与洞察要素在服务型品牌框架中的应用。我们通常很喜欢净推荐值式的衡量，因为它采用简单而富于挑战性的打分系统。调查、一对一面谈、小组面谈、重点群体研讨会都可用于收集数据，可以通过电话、视频或面对面沟通开展这些工作。利用收集到的数据来制定并落实改变现状的决策，并且在落实行动完成后告诉受访者，这很关键。这能让受访者感觉自己提供的反馈得到了重视，企业领导者在倾听自己的意见，且很在乎这些意见，从而建立受访者与企业领导者的信任感，增加受访者以后继续提供反馈的可能性。开展衡量与洞察活动需要的是真心实意，因为如果只是走形式，受访者是会有感觉的，下次受访时他们可能就不会认真对待，甚至不会提供反馈。

　　最后我们发现对反馈率的追求有很大影响。艾伦·威廉姆斯曾经是一家五星级酒店的常务董事，有一回他收到母公司发出的一份员工意见年度调查表，这份调查表的介绍部分规定：反馈率必须达到66%。艾伦·威廉姆斯对其领导团队表示，这实际上是在说，领导层觉得可以不听取三分之一的员工的反馈。于是团队将这个比例改成了100%，结果反馈率达到了95%。我们认为，反馈率低是因为企业领导者倾听反馈的意愿不够强烈。影响反馈率的另一个关键因素是，利益相关者与企业之间关系的密切程度，包括各自对这种密切程度的感受。如果领导有方，那么受访者是很乐意提供反馈的。

　　我们相信这些事例对你还是很有帮助的，即便你觉得你的企业的情况可能和上面的事例不太一样，甚至完全不一样。

品牌识别

衡量并洞察品牌识别的目的是，了解人们对品牌的认可度、确定品牌相较于一组同行品牌的知名度，并且了解人们对品牌的了解程度。

为了形成全面认识，可以对所有利益相关者做以下衡量与洞察：

- 核心价值观评分调查：对企业践行其价值观的看法。
- 品牌认可度：对企业视觉识别的熟悉程度。
- 品牌知名度：相较于与同行品牌的知名度。
- 品牌了解：对品牌的了解程度，即品牌是做什么的、品牌的规模以及交付方式等。

员工敬业度

衡量并洞察员工敬业度的目的是，了解代表企业的员工的敬业度并倾听他们的声音。我们建议对员工敬业度的衡量对象与洞察同时涵盖全职员工、兼职员工、外包服务供应商以及承包商的员工。可以通过以下方式来衡量和洞察：

- 敬业度调查（定期评估）：敬业度调查可以一年开展一次或多次。我们知道有家企业每天都会进行"脉动"衡量。
- 脉动调查：随着技术的进步，如今可以通过针对性提问开展临时或有计划的调查。
- 讨论会：讨论会可以高效地收集员工反馈，同时可以通过开展讨论会来采取行动。

- 跨级会议：跨级会议即员工与其上级领导的上级领导开会。艾伦·威廉姆斯在企业担任领导期间发现跨级会议是最受欢迎的非正式会议。

- 建议计划：这需要允许员工说出自己的想法和改进建议。不管是采用非常正式、非常规范的形式，还是不那么正式的形式，建议计划的效果都会很明显。需要考虑用于管理建议提交过程、评估建议以及提供反馈的行政资源，因为如果没有准备好足够的资源，那么这项计划很快就会失去可信度。

- 绩效评估过程：由员工主导的绩效评估效果最好，也就是员工对其绩效进行评级，并且向其团队领导证明其评级的合理性。绩效评估过程最好在全年定期按计划进行，最好采用规范的评估会议形式，同时每年审核一次，因为员工与直接领导之间的关系是提高员工敬业度的关键驱动因素（见第六章）。

客户体验

衡量与洞察客户体验的目的是，从不同层面上了解客户的看法并倾听客户的声音。这包括了解客户心中理想的企业、产品或者服务是什么样的；了解客户对企业的整体印象；了解你的产品或者服务在客户眼里有什么优点，有哪些需要改进的地方；针对竞争对手建立一个基准；了解客户的忠诚度和拥护程度。可以通过以下方式来衡量与洞察客户体验：

- 客户满意度调查：和员工敬业度调查一样，客户满意度调查也属于定期评估，可以每年开展一次或多次。有些企业会在每次与客户互动后都争取获得客户反馈。

- 反馈会议：反馈会议能够创造机会让客户表达其观点。形式上可以是围绕一个关键话题的比较正式和规范的会议，例如客户"专题讨论组"计划。也可以不那么正式，例如有的酒店集团会邀请其老客户参加企业举办的鸡尾酒聚会，从而安排客户和酒店总经理见面。

● 意见箱：我们在几家企业采用了意见箱，其核心原则是，要明白，面向客户的员工是企业的"耳朵"。使用意见箱是一种简单形式，用于记录员工听到的客户对企业的评价。

● 关系日程表：在 B2B 环境中，我们看到了主动且规范地管理客户关系的好处。行业的有些企业专门设有客户关系经理，负责落实沟通渠道，这个沟通渠道独立于经营交付关系。关系日程表需要定期与相关人员召开规范的反馈会议进行讨论，适用原则是：获取信息、确定需要改变的地方、落实改变计划，并且在计划完成后告知客户。

系统与过程

对系统与过程进行衡量与洞察的目的是，了解系统与过程是否有效，以及有哪些地方可以改进。

评估是衡量与洞察系统与过程的一种方法。可以是具体评估，例如专注于经济方面，也可以是一般性评估，例如专注于整个企业的一套核心过程。我们发现，将结构相同的自我审查、同行审查以及中心评估或外部评估相结合能产生一种归属感，洞察也会更深入。万豪品牌标准过程就是一个典型，它通过让客户匿名参观酒店来评价客户体验，同时开展涵盖酒店各个部门的核心运营过程评估。

以上是几个具体的衡量与洞察事例，供你参考。你可能想采用其中一个或多个方式。想要取得最佳效果，就要确保所采用的方法适合你的企业。最初可能需要通过一项灵敏且有效的沟通计划来说明衡量与洞察的目的、方法和具体内容。

第三部分 | 实践

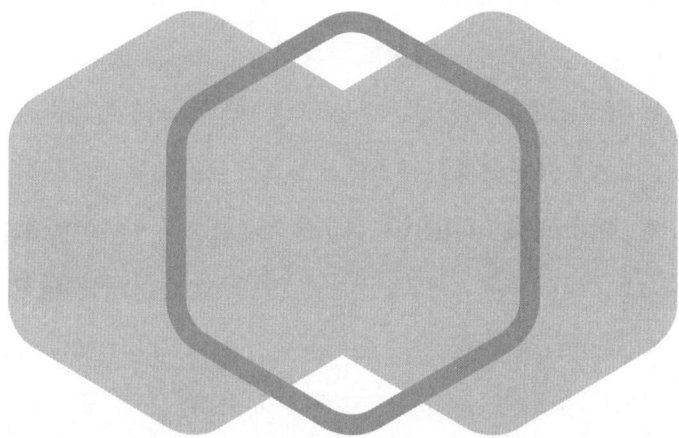

这部分将分享一组精选的企业小型案例，来说明前几章的内容，这些企业涵盖不同的行业、地区和成长阶段，包括不动产服务这一内部支持职能部门。有些案例明确用到了服务型品牌方法，有些则是站在服务型品牌角度去观察，以便通过结构化视角来观察企业的表现：

● **第十章**：汉伯瑞曼诺（Hanbury Manor）是一家五星级酒店和乡村俱乐部，也是首批采用服务型品牌方法的企业之一。

● **第十一章**：廷普森（Timpson）是一家便利服务家族企业。

● **第十二章**：温布尔登网球锦标赛（The Championships, Wimbledon）是一项全球著名赛事。

● **第十三章**：康宁团队（Wellbeing Teams）是基于创新理念，并且专注于健康与护理的小型邻居自治团队。

● **第十四章**：阿斯顿·马丁·拉宫达（Aston Martin Lagonda）是一家豪华汽车生产商，与詹姆斯·邦德有不解之缘。

● **第十五章**：易安信（全球不动产与设施）(EMC)是主营全球房地产与设施，旨在促进易安信核心业务。

● **第十六章**：诺德斯特龙（Nordstrom）是北美零售商，以优质客户服务享誉全球。

这其中有的企业曾是我们的雇主，有的企业的员工或掌握详细内情的人接受过我们的采访。在服务型品牌方法背景下，通过小型案例研究可以分享在实践中采用的理念，鼓励企业采纳并适应这些理念，进而激发并促进落实新的理念。这些案例不会对所选企业进行事无巨细的全面分析。

卓越

第十章

汉伯瑞曼诺

　　汉伯瑞曼诺（Hanbury Manor）万豪酒店与乡村俱乐部是一家英国五星级酒店，位于距离伦敦 25 英里（约 40.23 千米）的赫特福德郡，占地 200 英亩（约 0.81 平方千米），拥有 161 间客房、一个锦标赛高尔夫球场、休闲 SPA、餐厅和酒吧。1997 年到 2002 年间，阿兰在汉伯瑞曼诺担任常务董事，在此期间他将服务型品牌方法用于该企业。当时酒店年收入在 1200 万到 1600 万英镑之间，由一个 160 名合伙人组成的团队为客人和会员提供服务。万豪酒店将其员工称为"合伙人"，从未将其叫作"工作人员"、"员工"或"职员"。

商业版图

　　汉伯瑞曼诺是惠特布莱德（Whitbread）公司旗下万豪酒店投资组合中唯一的五星级酒店。受利益相关者有关的一些其他因素影响，这家酒店的情况比较复杂。汉伯瑞曼诺酒店的物业是惠特布莱德公司和当地物业公司波罗斯（Poles）的合营企业，因此酒店属于万豪品牌旗下。该酒店的高尔夫和休闲俱乐部的业务最初是由一家单独的有限公司承担的，由高尔夫和休闲俱乐部的会员、酒店管理企业以及当地物业主企业担任董事会成员。

　　在此之前酒店的收益一直不好，合伙人意见调查和客户满意度调查的结果都很不理想。为扭转酒店业绩，惠特布莱德公司曾经启动管理层改革计划。除此之外这个品牌还有点敏感，因为在当地物业主看来，万豪其实是一家四星级酒店，而不是五星级。

品牌识别

汉伯瑞曼诺的品牌识别的建立涉及多个层面，首先是将整个酒店和乡村俱乐部定位为满足高尔夫玩家和个人客户需求的品牌，此外还有几个子品牌，例如高尔夫和休闲俱乐部、精品餐厅以及针对当地社区的日常餐馆。

从商业角度看，酒店的机会被确定为：吸引更多住客会议业务。实现这一目标具有两大优势：一是，这些客人在酒店住两三个晚上，在此期间需要吃一日三餐，晚上也会在酒吧度过，所以人均消费比企业商务客户或者单个旅客要高；二是，安排二三十人的住客会议的成本在几千英镑，所以销售成本率很低。另外，这个酒店距离伦敦北部25英里，因此为会议主办方带来几个好处：由于距离伦敦较近，这里可以作为伦敦市中心酒店的替代；这里更有吸引力、让人更加放松；相较于伦敦酒店的极高价位，这里很有价格优势；得益于万豪的品牌效应，这里还给人一种安全感以及人们对全球知名品牌的信任感。所有这些因素共同促使汉伯瑞曼诺最终成为备受伦敦人青睐的酒店和乡村俱乐部。

酒店有份会议手册突出介绍其乡村俱乐部元素、外部环境以及宽敞而灵活的会议场地。考虑到酒店所处环境，设想企业首席执行官或高层选择在这家酒店商定一项为期3年的企业战略，结果很圆满的话，这将会额外增加多少价值？比如到了中午，他们可以在带有围墙的花园里一边休息一边品用自制柠檬水，而不必在见不到太阳的伦敦会议室喝咖啡解乏。

采取了这一品牌定位战略以后，酒店的经济状况大为好转，于是紧接着做出了第二个重大决定。再次充满信心的所有者增加了对酒店的投资，将客房从原来的96间增加到161间，此举极大增加了酒店的赢利潜力。

这家酒店已经举办了三届欧洲职业高尔夫球巡回赛英国公开赛，这有效确立了这家酒店在全国和国际性高尔夫赛事与乡村俱乐部的定位。这个由杰克·尼克劳斯（Jack Nicklaus）设计的高尔夫球场经常被称作英国顶级高尔夫球场。

酒店还不忘在休闲俱乐部的跳舞工作室主办一期电视节目《流行偶像》（*Pop Idol*），同时特意安排在电视节目开始录制前，将一个巨幅高尔夫球场横幅挂起来。

在小层面上，酒店组织了一场开放日活动来支持当地慈善。其间展示了一系列活动，包括高尔夫球课程、推杆比赛、网球展、烹饪班、鸡尾酒展、雕塑展览、摄影比赛等。这些活动在当地社区很受欢迎，共有 2400 人来参加现场活动，为当地一家慈善组织筹集了 600 英镑。

你可能还记得，在第六章我们说服务型品牌方法的一个核心原则是，应该在员工敬业度和客户体验中体现品牌识别。在汉伯瑞曼诺酒店的果园里，这项计划被叫作"金苹果奖"。为了改善客户体验，我们向即将离开的客人提供账单时，还会赠送一小袋植物种子，上面写着："记得在一起的日子。"落款是首席园艺师汤姆·安格斯（Tom Angus），这一小小的举动深得客户喜爱，而且非常有效。

万豪和丽思卡尔顿（Ritz-Carlton）采用"每日必做功课"项目，涵盖 22 个服务行为，世界各地的合伙人每天都有意识地轮流落实这些行为。例如其中一项是坚持"向距离我们 3 米之内的客户打招呼"，这其实是在践行企业价值观，受该项目的激发，数年之后诞生了获奖的《31 种方法》。

作为客房扩展项目，我们翻新了日常餐馆，在这里可以俯瞰高尔夫球场的第 18 洞，并且借此机会将其品牌识别重新定位为：提供以当地食材制作的英式应季菜品，同时将餐厅名字改为"橡树烧烤"，以示对这片土地上那些老橡树的敬意。

员工敬业度

员工敬业度是个关键问题。1997 年的时候合伙人离职率很高，而且工作情绪低落。第一批决定包括改善合伙人的工作环境和伙食，以前用来休息的小房间被重新取了个名字，并且利用一个周末进行了装修。

同时充分利用万豪的专业经验和资源建立了"人员投资"框架，以提供结构化的方法。为了避免任何风险，同时避免酒店经理受计划奖励诱惑，人力资源部经理当时保证对这项计划保密。还有一个重要项目叫"服务精神"，项目一共有四门课程，每门课程持续四小时，需要高级领导团队成员面对面讲授。课程主题包括积极思维、积极行动和个人影响。课程的讲授速度很快，而且有很多互动和实际经验。员工不仅学到了知识，而且还获得了很多其他好处，例如有的员工以前不喜欢与人互动，如今与同事关系密切，对工作也更加投入。

就像对品牌识别和客户体验一样，酒店还用一个创造性方法来提高员工敬业度。当时提出的关键问题是："如何让合伙人更敬业、工作热情更高，而且感觉自己很特别？"为此采取了一系列措施，最终表明不一定非要投入大量资金才能显著提高员工敬业度。

酒店从员工旅程一开始就非常重视员工。当时艾伦·威廉姆斯欢迎所有新合伙人时做到了以下 3 点：

- 给员工打气：我们觉得你最适合干这个工作，所以才找到你。
- 如果你需要打破常规来取悦客户，那就放手去做吧！做完了要第一时间向你的团队负责人汇报情况。
- 这里的环境很好，可是如果你觉得在这里工作不开心，那你就没救了。享受这份工作吧！

金苹果奖得到落实，每月提名获奖者，每月获奖者被考虑发年奖。有一年酒店举行十周年大庆，艾伦·威廉姆斯要求世界各地的万豪酒店在圣诞节聚会上赠送免费住宿。当晚通过抽奖送出 100 多次免费住宿，合伙人不得不资助机票。金苹果奖的奖品是夏威夷一周游、旧金山一周游以及洛杉矶一周游，全部报销往返机票。史蒂夫（Steven）是礼宾部的一名合伙人，获奖的时候他很震惊，说："夏威夷？我都不知道夏威夷在哪里！"从那以后，在接待客户并且帮其把行李带到客房时，经常听他给客户说自己去夏威夷玩的时候怎么玩。

除了这次圣诞节聚会以外，酒店还邀请所有合伙人参加一个圣诞节午餐会。高级领导和管理层团队在一个会议室为大家上菜，随后每个人都表演一个小小的歌舞节目。圣诞节早上，艾伦·威廉姆斯带着两个小孩去酒店，向当天值班的合伙人表示感谢。2000 年元旦那天为工作中的合伙人拍照，为这个特殊的日子留念。

酒店还组织了各种团队活动，包括与其他万豪酒店的员工举行了一场夏季运动会、一场足球联赛，和一家当地酒店的员工联合举办了一场相亲之夜。其他的想法也都被接纳，例如让合伙人在没有客人的时候使用游泳池和高尔夫球场。

酒店持续关注如何鼓励员工发挥潜力，并且为他们的成功表示庆贺。例如，在著名的美国奥古斯塔国家高尔夫球俱乐部与其球场管理员进行为期 6 个月的工作经验交流、为参加 MBA 活动的一名高级领导团队提供部分资助、资助一名厨师参加入围赛、支持一名服务员参加"年度最年轻服务员"总决赛、支持一名行政助理成功入围私人助理年度奖总决赛。

酒店还注重利用有效方法提升业绩，设定了明确目标、定期考核并监督员工表现、表彰进步，并且根据需要采取改进行动，最后让团队成员来监督个人目标的实现情况，就像监督企业目标那样，对于某个团队成员来说，这个目标就是把他家里所有的踢脚线都换了。酒店还采取每日短训等久经考验的万豪过程，这有助于确保员工始终遵守标准。

客户体验

为了解客户体验到底有多不好，上岗第一天，艾伦·威廉姆斯就要求看看过去 12 个月以来寄给常务董事的所有投诉信（在 20 多年前，投诉还需要写信）。结果令他很震惊，因为投诉信竟多达 600 封，也就是说每天不止收到一封投诉信。投诉的问题五花八门，包括合伙人态度差、住宿条件差、客房服务不达标以及菜品味道差。

坚决不能让这种"负面评价"继续存在了。为此，采取慎重决定，要强调获得反馈的重要性。只有收到反馈才能采取行动，没有反馈就无法采取行动。工作重点是，采取一切必要行动避免再次出现类似问题。与此同时，收到的好评则及时公开表扬，从而对提倡的行为形成正强化。每个高级领导者和管理人员都亲自负责其主管领域和人员，同时负责改正一切具体问题。有些问题仍旧存在，例如客房装修陈旧，但是由于提供的服务足够温暖、足够有效，这些问题很明显已经变得不那么重要了。

万豪此时引入了一款企业会议产品"会议边界"（Meeting Edge），这有助于将具体的服务标准落实到位。汉伯瑞曼诺酒店进一步确定本次活动的目标，并向服务团队传达。如果你负责开展健康与安全培训，或者负责提供裁员咨询会议服务，一定要相应调整自己的习惯。

采取的其他措施包括，建立客户服务职能部门和业务中心、将电话总机小组转到公共区、前台穿着统一工服。实施"为您服务"措施，不管客户有什么需求，只需要拨打一个电话号码即可获得服务，例如客房服务、订餐、叫出租车等。而在此之前，在客房中提供了一个通讯录，上面列着单独的电话号码来提供这些服务。

整个高尔夫和休闲俱乐部则落实了始终如一的高质量服务标准。高尔夫球场看管团队对高尔夫球场的每个细节追求完美，令人印象深刻，因此被作为酒店其他部门学习的榜样。此外还开展了服务创新活动，例如，为高尔夫俱乐部的会员提供更衣室洗衣服务。

系统与过程

对系统与过程的衡量与洞察包括3个关键部分，这为随后的业绩提升奠定了坚实基础。第一批决定包括对企业结构的设计，落实了结构中的大部分岗位设计，同时重新确定了上下级关系，并进行了小幅调整。还引进了一个二级管理结构，即高级领导团队和管理团队，前者负责企业的战略方向，后者则负责运营交付。对于这个酒店团队而言，专注于领导而非管理的理念带来了一种新体验。

同时，为所有利益相关者引入了一个全面沟通框架。酒店团队的全面沟通框架包括以下会议安排：

- **高级领导团队季度会议：** 用于回顾表现并制定战略。
- **管理团队月度会议：** 用于分享成功经验，并发现经营过程中的改进空间。
- **每周活动：** 简单介绍下周的活动和会议，并解决本周出现的所有问题。
- **每日站会：** 主要解决第二天的事务，例如客人的到来与离开、重大事件、入住率调查和会员活动，同时处理前一天的所有问题，这种会议每天早晨在不同的地方召开。

此外每月还会召开直线讨论会，会上艾伦·威廉姆斯邀请各高级成员共进午餐或者喝下午茶。这种讨论会只有2个话题：（1）如何为客户和会员提供更好的服务？（2）如何改善大家的工作环境？这是最受欢迎的非正式会议，而且管理氛围没有那么浓厚。

对个人每月都会安排固定的一对一会议，以更正式的方式来审视个人的活动和表现。

对于所有者（即惠特布莱德公司和波罗斯公司）和高尔夫与乡村俱乐部公司董事会也安排了类似的季度审查会议，对股东则召开年度股东大会并提交新的年度报告。

万豪和惠特布莱德公司提供的多个系统与过程让酒店受益匪浅，包括采用电脑会议预订系统、收入管理工具、每日健康与安全系统、提名供应商以及经营过程。其中有一个系统效果不好，那就是由惠特布莱德公司酒店部的常务董事制订的建议计划，这项计划一提出，艾伦·威廉姆斯就要求其团队畅所欲言，不要顾忌后果，结果收到很多建议，但是中心管理团队的资源却远远不够，导致事与愿违。由此得出一个教训：如果想让员工畅所欲言，那么就必须做好应对准备，并且采纳其建议。

衡量与洞察

作为万豪和惠特布莱德公司投资组合的一部分，衡量与洞察带来了很多好处。我们采用了稳定而久经考验的衡量与洞察过程，包括平衡计分卡方法、业务运营、集中评估健康与安全等关键过程（这个过程叫作"安全至上"，每天需要进行检查）、会议预定、收入管理等。

品牌识别

对品牌识别的正式衡量比较少，但是"伦敦人喜欢的酒店和乡村俱乐部"这一理念却得到客户、同事、同行以及合伙人的高度好评。高尔夫球场多次被评为英国顶级球场，酒店被授予"年度 AA 酒店"大奖。

员工敬业度

万豪采用《合伙人意见年度调查表》，此表得到高度重视。在这期间出了一件事，有个酒店总经理因"执意"要求获得好评而被处分。我们认为这份调查表中的一个问题很鼓舞人："总经理知道我的名字"（答案可选择"是"或"否"），这充分表明万豪是以合伙人为中心的企业。尽管有可能只是传言，但是据说如果对这个问题选择"是"的员工的比例不到 80%，那么酒店总经理就要被炒鱿鱼。

由于整个酒店上上下下齐心协力，再加上惠特布莱德公司和万豪同事们的支持，汉伯瑞曼诺酒店从 3000 多家酒店中脱颖而出，荣获全球"合伙人意见最大改善奖"。

客户体验

万豪内部采用一个《客户满意度调查》系统。调查结果每月发给所有酒店，但是汉伯瑞曼诺酒店却从未获得这个信息。一开始，在一次会议上，高级管理团队的成员被要求按照万豪酒店的《客户满意度调查》给汉伯瑞曼诺酒店打分，所有人都觉得这家酒店排名在前 10%（只有一个人例外），可结果是排名倒数 10%。大家被这个残酷的现实警醒了，经过努力最终大获成功。将《客户满意度调查》结果和其他的客户反馈公开，这是酒店改善服务和业绩的一个重要原因。有一段时间，每周五下午 5 点都召开经理会议，所有人都得说明自己是如何处理客户满意度得分不到 8 分的所有问题。

《万豪品牌标准》检查过程则提供了另一个数据来源，包括为评估客户体验而进行的为期两三天的暗访。调查员在暗访后亮明身份，并且着手评估几个关键过程和服务标准。

由于整个酒店团队齐心协力，再加上惠特布莱德公司和万豪同事们的支持，汉伯瑞曼诺酒店荣获英国投资组合"客户满意度最大改善奖"。

调查还涵盖 Meeting Edge 的产品。酒店向高尔夫和休闲俱乐部会员开展调查，以确定改进空间，然而俱乐部会员向高尔夫和休闲合伙人的直接反馈却占大多数。

各种衡量与洞察方式表明，相较于"一刀切"，采用合适的过程好处更多。

系统与过程

《万豪品牌标准》检查包括对核心操作过程的审查，这是一笔非常宝贵的资产。各部门根据《万豪品牌标准》报告模板进行自查，从而制定并落实规定的标准。这个过程还遇到了一些问题，因为这个模板一开始是为位于市中心的新建酒店设计的，而橡树大厅有一块用了上百年的橡木地板，这就不符合"地板没有痕迹和划伤"这个标准，而且对于那个可以俯瞰高尔夫球场第 18 洞的日常餐厅露台，这个模板也没有提到它对客户体验的改善作用。

服务型品牌方法的主要观点

- 服务型品牌方法对长期业绩有促进作用。
- 通过事例证明，在符合品牌识别的情况下，改善员工敬业度和客户体验的措施可以发挥更大作用，而且不需要太多资金投入。
- 向客户和一线服务员工积极寻求反馈有很多好处。

家庭

第十一章

廷普森

廷普森是英国的一家跨国零售商，专注于修鞋、配钥匙、修锁、雕刻和照片冲洗业务，它还是英国最大的干洗运营商，同时也提供手机维修、珠宝钟表维修、定制房屋标志以及理发服务。廷普森在英国和爱尔兰至少有 2155 家店，近 6000 名员工，一多半店铺都位于市区外，包括 550 个小亭子。年度营业额大约 3 亿英镑，利润超过 2000 万英镑。这是一家由约翰·廷普森（John Timpson）及其家人完全拥有的私人企业，因此他们可以在某些方面采用在人们看来非常规的管理方式。在这家企业的亲身经历让我们印象深刻，因此我觉得，廷普森可以很好地补充其他几个小型案例，有幸见到他本人以后，我们向他说明这个项目并征得其同意，于是将廷普森的案例写入本书中。

商业版图

有段时间以来，廷普森的经营面临某些挑战，包括主要街道整体数量的持续减少及其带来的修鞋市场的萎缩。但奇怪的是，这个充满威胁的环境反而促使廷普森扩大店铺数量和服务内容，因为其十余年来的成长令人印象深刻。在此期间，廷普森收购了别的企业、开发了更多服务门类。与此同时，廷普森始终高度注重通过一线人员带动销售和利润增长，其支撑是整个企业始终按强大的文化进行实践。

品牌识别

廷普森建立品牌识别的过程要从其首席执行官詹姆斯·廷普森（James Timpson）说起。在营销集团举办的一个活动现场，廷普森在大家的热烈欢迎中走上台，他的开场白是："我今天能站在这里感觉很意外，因为我们企业从来就没有营销部！"这是因为，对于廷普森的业务和品牌而言，同事和客户就组成了"营销部"。廷普森的品牌包括廷普森（Timpson）、马克斯·施皮尔曼（Max Spielmann）照片冲印时尚快照（Snappy Snaps）和理发店理发秀（Barbershop）。同事是廷普森最重要的因素。廷普森始终坚持维护并发扬强大的企业文化，同时采用自下而上式管理结构：客户在最顶层，同事在最底层提供支持。

这种管理方法并不新鲜，很多其他企业也在倡导自下而上的管理理念，但是廷普森长期以来始终在自上而下地明确倡导并践行该理念。詹姆斯·廷普森的大部分时间都花在巡查门店上，地区运营经理也是，这种高层领导下基层的风格更多见于餐饮和高级酒店行业。就连廷普森之家（Timpson House）的售后负责人员每年也会花一天时间在店里。这种同事主导方式也体现在视觉识别上，廷普森只有两个原则，其中一个就是"进入角色"（另一个是"公款入账"）。这表明廷普森认为，员工的言行举止决定了个人和整个企业在客户心中的形象，廷普森的同事也非常清楚，自己代表着整个廷普森大家庭的名誉。

廷普森实现其目标并践行价值观的方式也很特别。工作场所的墙上没有展示企业的目标和价值观，整个企业关注的是：如何才能实现和践行企业目标和价值观。詹姆斯·廷普森将企业所属行业界定为服务业务，因为"虽然是零售商，但是我们的业务就是提供服务"。廷普森的同事谈到他时说，廷普森"用优秀的人提供优秀的服务"。2004 年出版的《廷普森价值观手册》

（*The Book of Timpson Values*）一书图文并茂地总结了廷普森的态度、价值观和格言。同事还表示，对于他们来说廷普森比什么都重要，并且对其忠诚、可信、友好和价值深信不疑。我们发现廷普森非常注重让自己值得信赖、注重践行企业目标和价值观，这令人耳目一新，和很多企业的只说不做形成鲜明对比。

廷普森有一种很少见的服务型品牌特征，那就是所有店铺都铺着地毯，这是廷普森为了区别于竞争对手而做出的慎重决定。在廷普森总部的大门口也有一块红地毯，用于欢迎企业的重要同事。

员工敬业度

上面说过廷普森非常重视员工，所以为企业人才投入大量时间、精力和金钱就不足为奇了。另外，廷普森认为员工的普遍看法是企业最宝贵的资产，并且将这一观点落实到行动上。

廷普森同时进行线上和线下招聘。企业在区域经理的带领下采取一种相对非正式的招聘方式，他们物色的人不仅想找份工作，而且想把工作当事业，因此面试比较注重求职者的动机和抱负，会谈到求职者的家庭和个人兴趣，从而让谈话比较放松和坦诚。受系列童书《奇先生》（*Mr. Men*）中的人物启发，廷普森的招聘启事写道："我们想要快乐先生、好奇先生、爱笑女士和阳光小姐这类人。我们不想要坏脾气先生、木讷先生、古怪女士和抱怨女士。"有个经理告诉我们，这种面试"有点像闪电约会，但是外貌并不重要——我要找我喜欢的人。"面试满分 10 分，达到 9 分才能被录取。企业也主动联系同事的朋友和家人，因此企业 50% 的新员工都是由现同事推荐的。

廷普森基金支持招聘社会特殊群体，例如退伍军人以及曾经有服刑经历的应聘者，而其他企业在招聘时通常会淘汰这些人。如今在英国，廷普森是聘用有违法犯罪记录员工最多的企业。廷普森在两座男子监狱和一座女子监狱开设了培训学院，每天提供培训。犯人们在这里学习相关技能，例如怎样修鞋和表、怎样雕刻、怎样处理照片或提供相关服务以及客户服务的方方面面。这几家监狱的工作人员可以享受犯人们提供的服务，学员们还有机会在店铺实习。在刑满释放前一个月，企业会为犯人们量身定制工作服，并且发放廷普森员工培训手册。刑满释放当天，廷普森的导师会在监狱大门口迎接他们，并将其领到职工宿舍，第二天就开始上班。

准员工有机会试岗，在此期间，经理会告诉他们需要做什么，并且每月定期考查。这个项目非常规范，采用以图片为主的材料进行为期 16 周的培训，而不是仅做纯文字说明。培训完成后会有一个技能评估，如果应聘者的技术不熟练，可以适当延长培训时间。如果经理觉得应聘者不适合在廷普森工作，在此期间企业还会留意其他工作，以便介绍给应聘者。这种招聘方式可能不如有的企业那么科学，但是在成功完成培训后，有 90% 的应聘者会选择留在廷普森，企业也很少有人请病假，所以这个方法其实很管用。

对于报酬，30 年来廷普森始终坚持每周发放奖金，奖金最多可达基本工资的 2 倍甚至 3 倍，每家店铺每周都按这种方式计算工资。企业将营业额目标设为按工资开支的 4.5 倍，所有超出此营业额目标的部分则按 15% 发放奖金，奖金根据员工的工时、工龄和技术等级在店内分配，本周奖金下周发放。销售额的计算依据是销量，店内员工对利润的影响很小。区域经理的奖金是以利润为基础的激励，可以用来有效地控制成本。

廷普森也非常重视员工对企业的认同。每年会由员工选出最佳明星员工，2019 年这些优秀员工享受为期五天的马耳他出境游，同年所有经理前往里斯本（葡萄牙首都）开会 3 天。为了增加员工的认同，每次给员工涨工资时，詹姆斯·廷普森都会赠送给员工一个记事本。

区域和店铺经理拥有很大的自主权。廷普森分支机构的员工"可以根据自己的喜好订库存，自主决定店内商品定价，自主决定何时开门营业……前提是客户要开心、客户服务质量要好、财务数据要漂亮，店铺经理自己也开心"。而且员工有机会晋升，企业内部有晋升政策。工龄越长，工资也越高。

廷普森还提供各种员工福利来践行以人为本理念。员工生日当天可以带薪休假，还会收到"大领导"赠送的一瓶香槟酒。企业在欧洲有 16 个地处热门地段的豪华度假村和度假屋，企业同事及其家人可以免费度假。员工结婚时会收到 100 英镑的红包，享受为期一周的蜜月假，婚礼当天可以用廷普森的大型豪华轿车和司机，生孩子当天会收到一张代金券，孩子开学当天可以带薪休假。其他福利则注重员工的健康和安全，戒烟有奖金、接种流感疫苗有奖金，进行立遗嘱以及意外事故和个人伤害保险的法律咨询可享受折扣价，遇到家庭问题可免费拨打 24 小时独立咨询热线。

其他福利包括驾驶培训、宠物死亡援助、慈善援助配对以及每周 1000 英镑的抽奖活动。还有各种社交活动，例如夏日烧烤、企业足球赛、定期夜间外出聚会，甚至包括圣诞童话剧。

员工福利介绍的最后，我们想说说廷普森的"美梦成真"计划，这个项目鼓励员工写信给詹姆斯·廷普森，并且请他做一件事情。至今已有数千名员工在詹姆斯·廷普森的帮助下实现了自己想都不敢想的愿望，例如和海外的家人团聚、做重大牙科手术、获得丧礼费用、在拉斯维加斯举办婚礼等。这项计划每月预算 1200 英镑，这进一步凸显了廷普森以人为本的经营理念：首先把员工当作人，其次才是当作员工。

客户体验

消费者评论网站信任飞行员（Trustpilot）对廷普森的评分高达 4.3，我们认为主要原因在于企业的品牌识别、员工敬业度和客户体验活动高度协调。

廷普森整个企业和品牌对于"用优秀的人提供优秀的服务"的理解非常深刻，这种理解在经营层面得到有效落实，"进入角色"和自下而上的管理结构使员工能够自主开展业务。系统与过程以及衡量与洞察则为其提供支撑，这在下文会提到。

店铺员工有效保障了客户体验标准的权威性和可靠性，相应的还有一些重要工具和技术。从最基础的层面上看，为了确保服务的一致性，尽可能由同一个人为同一位客户提供服务。如果事情进展超出预期，则提供500英镑应急费用，与此同时，企业鼓励员工赢得客户的心，而不是只做一锤子买卖。同样奇怪的是，廷普森尽可能免费为客户做事，店铺为客户提供的免费服务数量和店铺收入之间有着千丝万缕的联系。

廷普森还坚持面对面为客户提供一对一服务。在线业务真正被视为核心服务的补充，并且廷普森目前不具备足够的经验和专业知识来拉动在线业务。

这家企业还采取了一些看似随机而简单，但其实十分有效的措施，例如免费为要参加面试的失业人员干洗外套，每年将一天定为"完美日"，这一天全企业的人都会努力提高服务标准。

系统与过程

第八章介绍了沟通作为一个要素的重要性，廷普森对此深有体验。它的通信周刊《廷普森集团新闻》(*Timpson Group News*)被用于庆祝和表彰先进个人，同时设立"每月最佳创意"奖。这一出版物很耗费时间和资金，却把廷普森的员工有效团结起来并为其提供相同信息。沟通通常不那么正式，企业更喜欢面对面聊天或者打电话，而不是发送电子邮件。另外企业员工可以直接联系詹姆斯·廷普森。有个地区经理解释，有必要在周末提振员工士气，并且说他们每周五晚上会在线呼吁大家分享好消息，同时分享很多照片，现场气氛很欢乐。还有一个重要提醒，那就是"千万不要在星期五批评人"。

不同于其他零售企业，除了收银台、一般技术基础设施和在线业务外，廷普森还提供技术达人服务，这让人眼前一亮。廷普森不用复杂的店铺收银台和复杂的摄影系统，因为企业更注重人与人之间的对话。其实被廷普森收购的很多业务都取消了更先进的收银台，而代之以基础设备。

但廷普森高级管理层并不反对投资于对企业有利的技术。近年来计算机技术团队和电子商务团队推出了一系列快速接收和自助照片打印系统。接下来的衡量与洞察一节将进一步介绍廷普森的技术。但是廷普森有一个原则，不管是什么技术，一旦有可能违背廷普森的以人为本理念，企业都坚决拒绝采用。

对于企业结构，廷普森采用自下至上的管理结构，因此避免了很多以传统方式经营的企业所面临的挑战。在廷普森，没有大型的中心职能部门来引进耗资巨大而且要求苛刻的措施，对于面向客户的经营部门员工而言，这些措施有时候会分散人的精力。

另一个值得注意的领域是业务规划。廷普森的业务规划过程非常灵活，它并没有固定的年度计划，但是期望实现目标。

引进像 Barbershop 理发店这种新品牌的决定由首席执行官等做出，店铺则负责确保当年业绩超过上年。总之企业认为，专注于财务对于维持企业业绩非常重要，但是在推动企业发展过程中，财务的重要性不及客户服务和员工的重要性。

衡量与洞察

在衡量与洞察过程中，廷普森根据经验抓住重点，同时充分利用经验和对事实的客观判断，而不是被数据捏着鼻子走。

与廷普森企业众多员工讨论后我们发现，企业并未对单一业务品牌或者廷普森品牌进行具体的衡量与洞察，这很可能是因为廷普森没有市场营销部门。其实道理很简单：品牌并非别的，而是人以及由人提供的服务。

廷普森有一项针对员工的"快乐指数"调查，该指数用于衡量在与地区团队共事过程中员工们有多快乐，共分为 1 到 10 个等级。詹姆斯·廷普森会查看每一份调查回复，同时列出好的方面和有待解决的问题。员工离职率是关键指标，通过试用期的员工的离职率只有 14%，而整个零售行业的离职率则高达 30%。一旦工龄满 2 年，员工很有可能在廷普森再干 20 年。

销售额被看作客户体验的一个指数，企业极其注重业务，在企业内部公开展示每月收入目标，每天晚上都会发出现金流量摘要，周会上则将本周业绩与上年同期业绩进行对比。

企业鼓励客户在线发表评价，每个店铺的显眼位置都显示一个免费电话号码，拨打这个号码可以联系区域经理。如果客户的评价为 6 级或者更低级别，区域团队会联系客户进行改进。另外如果出现问题，企业会审核补偿表格，以确定需要开展哪些培训。每年还会安排 2 次神秘顾客来访，同时有一个与奖金支付挂钩的打分系统，这个系统打出分数的平均得分为 9.2。

根据一位员工的建议，店铺内销售点展示二维码，以便随时收集客户反馈。凡是采取这种新的客户意见收集方式的店铺，其客户评价数都翻了一倍，企业也充分利用这一新的信息来源。客户的评价被发送给区域团队，以便其及时采取一切必要行动，分公司的员工可以看到自己的评级，自己所在店铺与同地区其他店铺的对比，以及自己所在地区与其他地区的对比，这有助于促进竞争。而且客户发布的在线反馈能够提高廷普森品牌在谷歌搜索中的排名。

对于系统与过程，廷普森采取一种简单而公开的沟通方式，鼓励全体员工提出改进意见。在采取新的操作方式和过程前，企业会积极征求各方意见。其目标是：快速采用一切新想法，以证明其是否可行，并且推进下一步工作。这种广泛征求意见后确定的想法自然能得到积极落实，因为这些意见都是员工自己提出的。

服务型品牌的主要观点

● 要让一切事情简单化，运用常识，而非盲信备受推崇的热门管理方法和理论。

● 充分信任与客户密切接触的员工，从而避免不必要的管理环节，避免相互冲突的职能部门竖井①现象。

● 确定并明确介绍廷普森的目标和价值观，可以对其进行更加明确的说明，同时确保之前的实践经验仍然适用。

---

① 即只看到自己不管他人。——编者注

成就

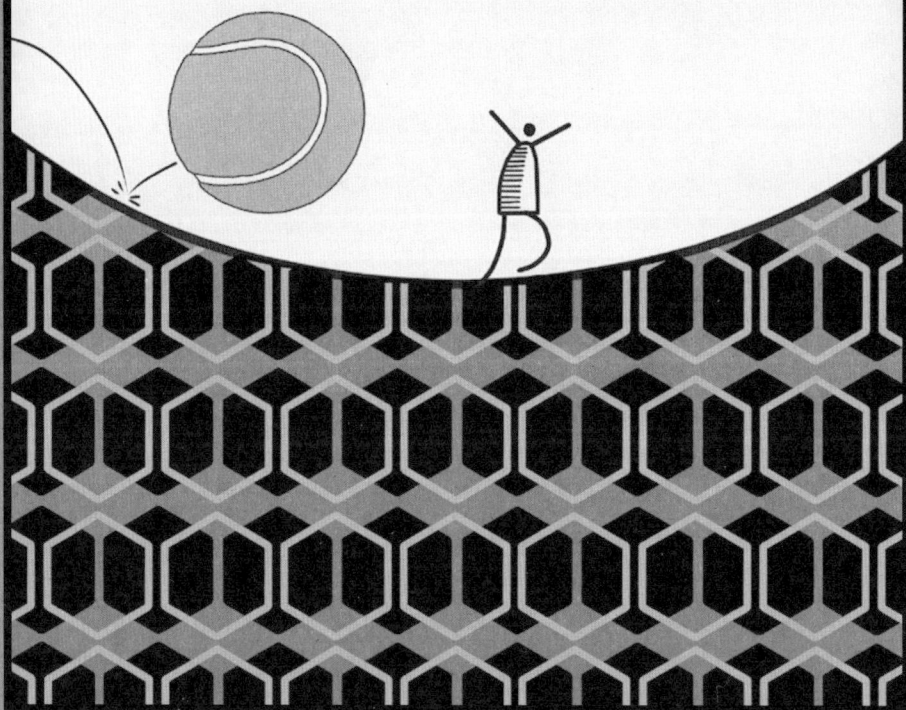

第十二章
温布尔登

全英草地网球和门球俱乐部（简称 AELTC，也叫全英俱乐部）位于伦敦温布尔登。这是一个私人会员俱乐部，拥有 375 名全职会员、大约 100 名临时球手会员以及若干荣誉会员，包括以前的单打冠军和为网球提供各种服务的人。

全英俱乐部最著名的是温布尔登网球锦标赛，通常被称为"温网"，是网球锦标赛四大满贯之一。温网是全球最古老的网球锦标赛之一，被很多人看作最权威的网球锦标赛之一，1877 年首次在全英俱乐部场地举办。它是在室外草地举办的唯一一个重大网球赛事，其中心球场建于 2009 年，一号球场建于 2019 年，2 个球场均有折叠式屋顶。这项赛事一直保持高度协调、极其注重细节和一致性，对此我们满怀敬意。我们 2 个先后都参观过它的赛场、漂亮的制服和花坛，也深深感受到了服务团队的热情。1982 年，大学期末考试结束后，艾伦·威廉姆斯曾经参与那次温网比赛，2010 年，塞缪尔·威廉姆斯首次以观众身份参观赛场，前后时隔近 30 年，但是温网比赛留给 2 个人的印象却很像。

根据温布尔登的传统，比赛选手和王室资助人需统一身穿全白服装。这场锦标赛还有一个特色，就是全场没有赞助广告，全英俱乐部的官方合作伙伴只有在担任特殊职责或者提供服务时才会出现在赛场上，例如史莱辛格（Slazenger）提供网球、劳力士（Rolex）提供计时服务。

在温网举行期间，大约有 50 万名观众来现场观赛，雇用一个由大约

6000 人组成的团队来提供赛事服务。这是欧洲规模极大的年度体育及餐饮盛事之一。2019 年，一个 3000 人的服务团队提供了 276 291 瓶飘仙酒和 191 930 份草莓！

温网还是规模极大的媒体活动之一，共授权 3250 名媒体人，其中有 530 多名媒体记者、约 2500 名直播人、200 多名摄影师和摄影后勤人员。另外，2019 年温布尔登被 30 个直播平台面向全球 200 多个国家直播，有的采用免费电视直播、有的采用付费电视直播。

与此同时，2019 年 7 月 1 日到 7 月 15 日期间，温布尔登被媒体提及 316 046 次，其中 43% 提及温布尔登的新闻发布机构位于英国。2019 年温布尔登在社交媒体上大火，7 月前 2 周共发布 2198 次报道，粉丝达 1140 万人。另外该锦标赛四大顶级运动员拉菲尔·纳达尔（Rafael Nadal）、罗杰·费德勒（Roger Federer）、塞雷娜·威廉姆斯（Serena Williams）和诺瓦克·德约科维奇（Novak Djokovic）在社交媒体上的知名度是温网的 74 倍，共有粉丝 12 070 万人。

体育赛事版图

温网的竞争环境和本书中很多其他小型案例研究的环境不同，但是有一点和其他案例差不多，那就是这项锦标赛的观众会拿它和全球其他大型体育赛事相比，所以温网其实也面临竞争，我们将其和基准组进行对比。在全球体育日程表中，温布尔登经常被称为十大赛事之一，与勒芒耐力赛（Le Mans，世界三大赛车运动之一）、超级碗（Super Bowl）、英国国家障碍大赛（Grand National，英国越障赛每年最重要的比赛之一）和大师赛（Masters）齐名。

品牌识别

温网和全英俱乐部的目标和价值观是一致的。温布尔登被认为是最早的，也是最好的网球俱乐部之一，而温网则由该俱乐部主办。全英俱乐部董事会成员全部是该俱乐部会员，网球则是俱乐部的核心。其他锦标赛由各国政府机构运行，但是温网则有强大的俱乐部提供支持，而且赛事单一，这被当作温网的一个显著优势和特色。全英俱乐部和温网的目标都是"追求卓越"，价值观则都是传承、诚实、尊重和卓越。

在短短的温网赛季，让众多外包服务合作伙伴践行这一目标和价值观是一个很大的挑战，面对该挑战，全英俱乐部长期专注于管理冠军赛集团及其服务合作伙伴企业与承包商之间的关系。另外，它们在全英俱乐部的集中领导下进行培训，这些培训目前由各个服务合作伙伴单独提供。

他们的决策坚决遵守其价值观。例如，诚实是他们的价值观之一，因此他们坚决不与博彩公司有任何直接关系。俱乐部还采用一份战略性的"工作文件"，由领导团队全权负责每日落实，有一项企业文化是：做出积极选择，不断追求卓越。

说到这个品牌的视觉识别，当地火车站采用温布尔登标识，铁路沿线展示由园艺团队设计的大赛标志，并且采用相对比较新颖的宣传语，并且采纳服务合作伙伴的提议，例如当地火车站的站台就采用网球球场地面。但是品牌识别却很低调，并没有不断增加新的标志和宣传标志系统，而是采用统一形式。这是为了强化其"英式花园网球"的定位，而不是"顶级体育设施"。正因如此，园艺和制服都采用统一色调来体现品牌，并且自始至终都没有品牌营销活动。其核心原则是"紫色加绿色底色，字体和图案为白色"，近年来这一传统始终被严格坚守。本章开头说过，温网严格控制与其他品牌的接触，这部分是由于温布尔登的品牌诉求中有很大一部分是非商业化环境。几家赞助商中，球场上只能看到其中一半，而且展示方式非常隐蔽。

对品牌的"控制"始终是个挑战，但是俱乐部一直非常重视。2011年的温网品牌外观和往年不同，锦标赛的标志有细微变化，这些新变化被纳入品牌手册，并发放给所有的利益相关者、官方合作伙伴、媒体合作伙伴以及接待合作伙伴等。2018年的品牌又有变化，这一次标志完全一样，但是允许安排并建立品牌架构，从而更好地体现锦标赛、俱乐部和基金这几个主要标志和某些子标志之间的关系。随后使用了更简便的手册，内容包括标志的使用、调性和品牌架构。对品牌的控制还涵盖内容营销，因为他们深信最重要的是其品牌的自身内容。

他们深知，身着统一服装的人是视觉识别不可分割的一部分。2004年，俱乐部与拉夫·劳伦（Ralph Lauren）合作制作管理人员和球童的服装，并于2006年使用。整套量身定制服装由拉夫（Ralph）和杰瑞·劳伦（Jerry Lauren）设计，并且在全球各地的店铺售卖。对于其他制服，则将最新数据提供给服务合作伙伴，以便其选择制服，意在形成覆盖锦标赛举行期间所有人群。

面对"传承与传统"和"务实与新潮"之间的平衡，俱乐部采取了积极大胆的行动。他们坚信，只要在不忘初心的同时不断进取，并且力争先锋，也就是只要能在对温布尔登品牌理念的传承中创新，而不是非此即彼，那么就能很好地实现二者的平衡。

员工敬业度

由于很多人参与举办本项锦标赛，但是并不直接受雇于全英俱乐部，因此对于需要人员参与的过程，俱乐部尽量信任服务合作伙伴企业。俱乐部鼓励服务合作伙伴招聘并选择"适合温布尔登"的人，但是并没有规定通过哪些正式过程来实现该目的。同样，服务合作伙伴企业自己提供员工入职和培训项目，对于服务合作伙伴实施的所有认同项目，俱乐部一律不参与。俱乐部知道，这方面的一致性有待改进，并且需要让所有人明白在举办赛事过程中自己所属的部门。锦标赛举办期间的绩效管理非常有效，全英俱乐部领导团队切实发挥领导作用，各区都有跨部门团队。所有服务小组都承认监督员的关键作用，为了确保提供高水平服务，所有服务小组都非常注重遵守规则、汇报工作和及时响应。

客户体验

在前文提到，俱乐部充分相信服务合作伙伴企业有能力提供与温布尔登相符，并且始终如一的顶级客户体验。他们非常注重一线服务团队成员的英语和其他语言的表达能力，并且深知所有区域监督员的关键作用。服务团队的每个成员都深知，不管自己受聘于哪家企业，不管从哪家企业领工资，在这 2 周内，每个人都是温布尔登品牌的代言人，因此需要格外注意自己的一言一行。

俱乐部以更大视角看待锦标赛的客户体验，为此俱乐部近期决定在室内直播本次赛事，以便更好地控制和完善客户体验。因为俱乐部确信自己能够制作并直播最好的画面，从而向全球各地的观众呈现锦标赛和俱乐部活动。由于温布尔登正在改变其与观众间的关系，这一点不容忽视。得益于这方面的投入，线上观众年增长率达 100%，温布尔登因此成为全球观赛率最高的体育赛事之一。从 2015 年开始，温布尔登的观众已经翻了不止一倍，最初大约 1000 万人，2016 年达到 2100 万人，突破了历史纪录。之前温布尔登没有使用社交媒体，如今其社交媒体观众达到 1100 万人。

而且俱乐部始终不断努力扩展锦标赛体验，而不仅局限于赛事观看体验本身。全年邀请超过 10 万人参观，这些人可以去后台看看这个优秀的英国机构是怎么举办赛事的。

系统与过程

全英俱乐部的一个关键优势是其商业决策方式，小到日常决策，比如服务供应商的选择，大到战略决定，比如制服的设计和品牌活动以及对折叠式屋顶的投资。对于日常决策，俱乐部积极提倡追求卓越。所以决定投资于折叠式屋顶是因为考虑到温布尔登是白日户外活动，同时考虑到如果下雨可能会影响到观众的观赛体验和直播收入，还考虑了实施该建筑项目的复杂程度。这个组织在决策过程中能时时处处考虑到其目标和价值观，没有丝毫的仓促和疏忽，这一点令人感到很意外。

衡量与洞察

国际商业机器公司（IBM）是温布尔登的官方技术合作伙伴，它非常注重确保数据服务的完整性，因为这决定了评分和统计结果的输出，注重数字化平台的设计和建设，并且注重凭借其对人工智能和云的战略投入来促进创新。因此，IBM 有效支持全英俱乐部了解历史统计数据和分析结果，并且对观众进行更加全面的衡量。人工智能开始通过多种方式有效促进内容输出：比赛结束后，能在 4 分钟内帮助粉丝生成比赛竞赛片段视频，同时帮助加快图片和视频的捕捉过程。随着人工智能的普及，它将支持更大规模的数据分析和自动处理过程，从而根据需要提高效率。

品牌识别

全英俱乐部开展的品牌研究表明，在全球所有体育赛事中，温布尔登的关注度排名第二，仅次于超级碗，并且被认为是杰出赛事的典范。

员工敬业度

服务合作伙伴需要自己收集员工的反馈，这有待改进。通常情况下，员工最了解经营，6000 个人，6000 双眼睛和 6000 对耳朵，这将是一个庞大的团队，能够提供珍贵的信息资源。

客户体验

数据采集方式包括全英俱乐部和合作伙伴的观察结果和统计报告，也包括观众调查，即向超过 50% 的持票观众发送电子邮件，邀请其在比赛期间参与调查、提供信息并发表意见。这可能会导致比赛运营的调整，而征集的各种意见则会被纳入年度锦标赛计划，例如设施的定价和更换。

沟通团队还监测并跟进社交媒体的观点，以了解所有反馈并做出适当应对。每隔几年就会通过正式反馈活动来征询对比赛选手的意见，但是近几年的这些意见征询活动效果不好。

系统与过程

在每次锦标赛期间及之后，全英俱乐部都会通过一个严格的评估过程来评估改进空间和风险，从而考虑将其纳入年度商业规划。全英俱乐部还开展各种场景规划活动，包括和安全规划、风险管理、技术与网络问题以及应急沟通相关的活动。

服务型品牌的主要观点

● 全英俱乐部和温布尔登品牌深入了解服务型品牌产生的作用,"追求卓越"理念是如何持续影响各个层面的各种服务交付和决策的。

● 可以制订一个更全面的计划,以涵盖由 6000 人组成的赛事筹办团队的人员过程,从而最大限度使"团队"文化向温布尔登的价值观、文化和品牌看齐。

第十三章

康宁团队

康宁团队是专注于医疗保健的小型社区自我管理团队，旨在提高社区成员的生活质量、促进人们融入社区。这个团队业务遍及全英国，为老人、有学习障碍的人以及长期患有身体和心理疾病的患者提供帮助。每个团队成员不超过 12 名，由一名幸福主管负责管理。经杰基·勒·菲拉（Jackie Le Fèvre）介绍，我们见到了康宁团队的创始人海伦·桑德森（Helen Sanderson），我们俩都认识杰基·勒·菲拉，热衷于研究价值观。能将医疗小型案例研究纳入本书，我们感到很兴奋。

康宁团队是 2017 年 10 月在监管部门（即护理治理委员会）注册登记的一家社会企业。海伦·桑德森长期从事医疗保健顾问服务，他曾经想探索一种新的护理方式。第一个团队从 2018 年 1 月开始为人们提供支持，到了 2018 年年底，企业扩大到 8 个团队，服务对象达 100 多人。

商业版图

英国每年有超过 35 万名老人和 76 300 名年轻的残疾人在家接受护理，估计每年提供的家庭护理大约 24 900 万小时。随着投诉越来越多，满意度不断下降，护理质量备受关注。

护理业是英国报酬最低的一个行业。大约 67 万人从事家庭护理，但是全国长期有大约 9 万个岗位缺口。超过一半的护理工签订了零小时合同，家庭护理工作人员的流动比例达 36.8%。护理工通常只能获得最低工资，而且工作环境很差。家庭护理的监管机构是护理质量委员会，在其呼吁下，市场脆弱性引起关注，尤其是，大量护理供应商注册成立的同时，也有大量护理供应商注销。

根据预测，对家庭护理的需求将明显增加，未来 20 年，需要获得当地部门资助式家庭护理的老人预计将增加近一倍；自费使用家庭护理的老人以及使用家庭护理的、有学习障碍的年轻人同期预计将增加大约 50%。

新的工作方式

康宁团队一开始分别针对客户、员工、供应商和监管部门这几个利益相关者设计了一组问题并且试图回答。由于康宁团队一开始并没有站在企业结构角度考虑问题，而是采用以利益相关者为核心的工作方式，所以显得与众不同。

品牌识别

康宁团队的愿景始终是改革家庭护理。希望在新的家庭护理模式下，人们作为社区的一分子可以享受美好的家庭生活；让家庭护理充满意义、成为一种享受，家庭护理工作者能全身心地投入工作，拥有自主性，能不断获得成长，同时有一种归属感。

价值观

康宁团队的价值观由价值观专家杰基·勒·菲拉确定，具体是：

- 同情：我们想要提供真正以人为本的护理和帮助。以人为本的护理必须深深根植于对人的同情。

- 负责：作为自我管理团队，要对我们和整个团队的工作负责。

- 合作：我们深知，要让人们作为社区一分子而享受美好家庭生活，就要与护理对象及其家人、其他专业人士以及社区展开合作（这个价值观是经过第一次审查后新增加的）。

- 求知：要学会成长思维，专注于不断完善自我来实现愿景。要问自己：怎样才能做得更好？

- 创造：发现问题只是改变的第一步，还需要创造性地解决问题。

- 繁荣：希望通过追求康宁团队成员的幸福来证明，我们致力于让所有人感到幸福，让每个人都越来越好。

由于在康宁团队品牌识别过程的一开始，就说明了目标和价值观，因此我们发现，品牌识别的关键是幸福和关系，这和很多提供家庭护理的企业不一样，这些企业倾向于专注提供高质量的护理。康宁团队的标志设计是为了体现3种交叉关系，即（1）多做对人们重要的事；（2）向人们提供他们想要并且需要的帮助；（3）融入社区。在维甘招募首批团队成员时用的一段视频中就有这个标志——亮丽的彩色代表多姿多彩的生活。早在完成对第一批团队的招募之前，这个以目标和价值观为指导的品牌识别就已经形成了，随后康宁团队的整个企业设计都是以这个目标和价值观为指导。

员工敬业度

康宁团队英文名称 Wellbeing Teams 中的 Wellbeing 一词代表护理对象的幸福，也代表团队成员的幸福。经过对快乐和幸福的最佳实践开展研究，康宁团队向其员工做出十大承诺，还开展研究来充分了解承诺的兑现情况。

这十大承诺被引入招聘过程。员工在入职后会收到其幸福主管亲手写的一张卡片，上面是这十大承诺，这个幸福主管会在卡片上说明自己将如何确保团队每个月都能兑现这些承诺，并且邀请员工在发现企业违反这些承诺后可直接联系康宁主管，也可以直接联系康宁主管提出改进意见。

招聘

这个全国性团队建立并完善了一个基于价值观的招聘过程，该过程还荣获了奖项，康宁团队被授予"监护人招聘和人力资源公共服务奖"、莱恩比松（Laing Buisson）招聘官奖、最佳护理技能招聘活动荣誉，并且被英国国家科技艺术基金会评为《观察家报》（*The Observer*）2018 年 50 佳新秀。

康宁团队的成员都全身心地投入工作，招聘过程的设计也是为了凸显这一点。在此过程中招聘团队并没有使用"个人简介"，而是用了单页介绍资料，这个资料共有 3 个部分：第一，人们觉得你有什么优点？第二，你最在乎什么？第三，为了让你更好地开展工作，人们需要明白什么？或者需要做些什么？这个文件提供了一种有效方法，同时让人觉得：为了让我们大家以最佳状态顺利开展工作，我们要相互支持。为了说明哪些人最符合企业的价值观，康宁团队起草了一份文件，文件名是"你是这种人吗？"它介绍了康宁团队希望求职者具备的品质，例如乐观进取或者值得托付；求职者需要具备的能力，例如敢于尝试新事物和学习新技术以及康宁团队将为求职者提供的支持。

招聘岗位对求职者的经验和资质没有要求，因为企业相信，比护理知识和经验更重要的是，求职者的价值观要和康宁团队的价值观一致。康宁团队相信，既然企业能找到与其价值观相契合的人，企业也就能为这些人提供与护理有关的培训和支持。相较于医疗护理工作经验，康宁团队更看重应聘者与客户打交道的经验和提供其他服务的经验，因此团队成员来自各个工作场所，包括园艺中心、工厂、商店、幼儿园、办公室、理发店和美容院。

现有团队中的很多新成员都是提供原成员的介绍或推荐的。相较于招聘公告，康宁团队更喜欢利用社交媒体招聘。联系到求职者后会安排一次非正式电话沟通，让求职者就工作岗位提一些问题，随后求职者会被邀请加入一个小组讨论群。企业不要求求职者提供简历，也不安排正式面试。这个讨论会包括小组活动、情景卡片和价值观情景。求职者会被分为3组，可以提2个问题来了解领导者或者康宁团队。

这个招聘过程的设计初衷是体现企业的价值观，同时找到与企业价值观相契合的求职者。在招聘过程中，组织讨论会的招聘团队会说明团队在乎的东西，以及团队的单页介绍资料。因此个人在做介绍时只是说这个人怎样，而不谈职业，因为职业不能体现个性。以"同情心"这个价值观为例，招聘一开始会安排聊天，并且借机提几个问题。求职者被邀请通过一个单页文件来说说自己最在乎哪些东西，这表明康宁团队的成员全身心地投入工作。为了找到富有同情心的求职者，企业采用情景卡片问答，其中的情景能够揭示一个人是否能与其同事和服务对象共情，以及是否能照顾和关怀自己。因为康宁工作人员还负责提供个人护理，所以也会通过手部按摩来考察应聘者的同情触摸能力。招聘当天还会安排一些练习，包括对介绍资料和与价值观有关的问题做出评价，从而让应聘者思考如何全身心地投入工作。

入职和培训

求职者同意入职后会立即被邀请加入团队的斯莱克（Slack）小组。Slack是一款应用程序，团队使用它而不是电子邮件，相互联络。在通知期间，团队成员开始相互联系，幸福主管会提出一组具体问题并安排工作，以便团队成员在正式上班前相互交流和学习，包括简单分享自己的周末安排，以及完成一项 15 分钟的在线学习并成为"痴呆症患者的朋友"。上岗前，康宁团队会邀请员工了解自己的个人价值观，并且填写《敏思价值观调查问卷》。

入职当天团队成员还会在招聘讨论会上再次相聚，成员之间会以图片时间轴来分享自己的工作经历。在入职期间，团队成员会根据《敏思价值观调查问卷》结果了解自己的最重要的 10 个价值观，团队还会安排一场讲座来探讨团队成员的价值观如何与康宁团队的价值观和目标保持一致。入职工作包括：让自己全身心投入工作、自我管理、团队过程、提供优质护理需要具备的用药和急救等技能与知识。康宁团队平时采用无纸化办公，但是《康宁团队手册》却采用纸质文件，这是为每个新成员量身定制的高质量文件。

入职期间团队成员需要填写《康宁行动计划》，这份计划关乎团队成员在上班期间的心理健康，能帮助成员思考：哪些因素会触发其个人压力、在压力状态下自己可能会关注哪些东西以及同事可以通过哪些方式来帮助自己。以证据为基础的《幸福五大秘诀》被用于帮助人们找到自己的幸福。每个人都有一个搭档，这个搭档负责为对方提供支持并提出质疑，还负责帮助对方感到幸福。

初训结束后，团队会设计培训预算表。他们通过网络提供学习内容，遇到问题则当面提出解决办法并落实解决措施。团队持续利用 TED 演讲、情景卡片和月度计划开展集中学习，从而灌输康宁团队的价值观。

确认做法

作为自治团队，康宁团队并没有监督机制，也没有安排一对多式的管理员，但团队会提出能引起反思的问题来促使采取行动，这种每月一次的活动叫"确认做法",是康宁团队自我管理的核心。

　　一共有 5 个描述,这些描述与工作能力和康宁团队的价值观直接有关。团队成员根据每个描述为自己打分,最低 1 分,最高 5 分,还有一个详细说明来确保不同成员的打分标志是具有一致性。团队成员会向其搭档分享自己的分数,搭档一般情况下会对其分数质疑,从而帮助其想出办法来改善某个关键问题。

认同与表扬

　　康宁团队非常注重反馈和表扬,采用的方法叫 ERA,E 代表鼓励、R 代表认同、A 代表表扬。向团队成员提供的反馈每周都会纳入 ERA 文件或类似资料。在此过程中非常注重提出和收到的反馈类型,这是为了确保其符合康宁团队的价值观,也非常注重反馈频率,原则是每个团队成员每周都会收到反馈。

　　每个团队成员在加入团队时会收到一本量身定制的《表扬本》。在入职和某些团队会议期间,团队成员会在这个表扬本中记下他们眼中同事身上的亮点,也会记录收到的其他反馈,例如同事、服务对象及其家人对自己的评价。

客户体验

　　康宁团队的客户就是服务对象及其家人,还有家庭护理服务的委托人。大部分服务对象通过成人社会护理获得资助,资助金额取决于社会工作者的评估结果。

　　康宁团队的每个支持对象都有一个对应的康宁工作者,其职责是关注并尝试增进服务对象的幸福感。每个月都会与服务对象核实并确认哪些做法对其管用、哪些对其不管用、哪些地方可以改进、哪些地方仍需改进，只要在康宁团队的能力和预算范围内，都会尽量办到。

团队周会上会展示一个"幸福居家"跟踪系统，该系统显示每个团队成员的服务对象的名字，分为"正常""偏离目标""正在偏离目标"3栏。对于姓名出现在"偏离目标"和"正在偏离目标"2栏的服务对象，团队会检查对其提供的支持，商量并采取行动来了解背后的原因，并且商定解决问题的办法。这意味着整个团队每周都会开展集体讨论，以便让被支持对象感觉更幸福。

朋友圈

为了提供以人为本的护理、提高人们的生活质量从而让其感觉更幸福以及"让人们每天过得快快乐乐"，康宁团队采用了"Slack朋友圈"。团队成员会通过这个渠道发布照片，并且示范自己是如何"让人们每天过得快快乐乐"的。例如团队成员会携带一个"精细关怀工具包"，其中有小小的海军蓝洗漱包，里面装着几套干净朴素但颜色鲜艳的指甲擦、护手霜以及化妆棉。大部分护理时间都是半小时，如果团队成员轻轻松松就完成了护理对象提出的要求，而且还有5分钟，他们就会给护理对象修指甲或者做手部按摩。

系统与过程

根据自治团队原则，通常需要团队主管承担的角色由成员来承担，例如计划员、记录员、会议协调员、招聘协调员、社区联络员以及宣传员（即负责沟通和社交媒体）。

周例会采用全体共治方式，包括以下几个步骤：

- **签到**：会议一开始，每个人都会被邀请签到，分享自己的感受和自己的"现在的状态"，有时候会邀请人们分享家庭和工作中的美好时刻，这是表达感恩的另一种形式。

- **正念时刻**：成员签到后会进行一分钟的正念保持。这个过程很简单，比如需要注意自己的身体姿态、双脚接触地面，然后深呼吸 6 次。在比较擅长冥想的人的带领下，团队会进行一次冥想。

- **快乐居家分享会**：之前介绍过，团队成员会分享其所有服务对象的现状，并且商定采取哪些行动来确保每个服务对象的健康状态"步入正轨"。如果有团队成员正在实习期，则会安排针对实习期的"正常""偏离目标""正在偏离目标"过程，在此期间实习团队成员会分享实习情况，这有助于他们进行自我反思，并且在需要时寻求帮助。

- **标准**：直接通过社交媒体公告来公开分享信息，标准分享的内容包括发生的意外情况、收到的表扬、收到的投诉以及出现医疗失误的次数。团队会检查自己存在问题或者关注点。

- **发现问题**：会议中有一半时间被用于发现矛盾并解决问题，也就是可能妨碍出色完成工作的任何情况，或者可以改进的任何方面。这能让团队成员寻求帮助，并且从一开始就发现问题所在，从而避免其升级。记录员则负责记录采取的行动。

- **结束**：会议结束后，每个人会签字退出，同时分享自己在本次会议中的收获以及与同事讨论的心得。

主题

每周会花 20 分钟时间讨论每月主题，这些主题包括：

- 审查上个月发生的意外事故、意外情况或收到的投诉，看看团队能不能发现需要确立的任何主题。
- 审查对团队兑现十大承诺的评分，并且审查团队的回应计划。
- 与搭档确认操作方法。
- 每月学习主题：围绕康宁团队价值观，每月会有一个主题，例如同情心——我们该如何进行自我同情？在与人共事和面对服务对象时，我们如何才能表现出同情心？还会安排一些活动或方法使团队共同探讨每月主题，并且提议与搭档开展讨论以及提供相关信息。

2017 年 9 月海伦·桑德森提议分享所有周会的成果，如今她在领英上发布了一段时长 2 分钟的视频，并邀请人们发表意见、分享经验。

衡量与洞察

尽管康宁团队和其他企业很不一样，但是也可以采用服务型品牌视角。

品牌识别

全国康宁团队和当地的可能主管收集与品牌形象有关的非正式信息，海伦·桑德森整体负责品牌和传播。年度"共同完善"活动（见下文）提供客户和委托人对康宁团队品牌和沟通的看法。

员工敬业度

康宁团队非常重视由团队成员来主导自我反馈、自我审查和改进行动。

以人为本式审视

以人为本的审视由康宁主管推进。人们可以借此机会邀请自己身边重要的人，比如家人和朋友，看看自己在多大程度上实现了目标；看看整体而言，哪些方法对自己管用，哪些不管用；设定新目标或方向，并且思考自己未来想做的事情。每次以人为本的审查结束，他们可能会产生新的目标，并且会自主采取一切措施来改进服务质量。"哪些办法管用""哪些办法不管用""以后我想怎么办"成员会被要求回答其中 2 个问题并匿名分享答案。

"共同完善"活动

这个活动将合作商业规划与编程融为一体。各种利益相关者被邀请参加一个互动性极强、参与度极高的一日活动，以此来规划当地康宁团队来年的目标，这些利益相关者包括康宁团队的服务对象及其家人、团队成员等。活动过程中会用到以人为本式审视的匿名数据，邀请人们根据标准对信息进行审视和分类，从而确定最主要的话题。当天中午他们会确定对人们最有效的 3 个话题、最无效的 3 个话题以及人们未来最关注的 3 个话题。在过程中需要了解导致有关话题无效的根本原因，并以欣赏的态度探寻有效话题，从而使整个团队确定下一年的主要目标。

客户体验

每月审视、与投诉和表扬有关的数据、目标衡量结果、年中以人为本式审视，以及年度"共同完善"活动，康宁团队根据这些资料来了解其服务对象的体验。

每月审视

上文说过，康宁团队联络员每月会与每个团队成员回顾其提供的服务，通过非正式方式审视哪些东西管用，哪些东西不管用以及如何提高服务质量。如果团队成员表示自己被表扬，那么联络员会确保将这些好评传达给团队成员，并且将其纳入每周标准分享会。如果有的东西不管用，联络员会尽力在第一时间解决问题，将这个问题纳入"快乐居家"分享会，或者在队会上将其作为一个问题提出来。

审视数据并确定主题和行动

所有意外情况、关注点或投诉都会提出来，并且作为标准的一部分在队会上被记录下来，每月发掘一次审视主题。全国团队可以获取该信息，随后会关注所有团队的主题。

衡量目标

康宁团队的每个服务对象都会确定其个人目标，并且确认自己想要获得的帮助，以便让自己活得好一点、在家里过得舒服一点。康宁团队会邀请这些服务对象对自己原来的情况打分（共 10 分），然后再对其现状打分。这一审视活动属于以人为本式审视，每半年举行一次。

系统与过程

康宁团队质量系统与过程的制定依据是，团队向服务对象及同事做出的承诺。团队会对每项承诺收集信息和数据，以了解团队成员的工作方式和感受，这一过程同时涵盖当地团队和全国团队两个层面，从而"开展试验"来探索新的工作方式。团队还会按照护理治理委员会的要求提供信息。

康宁团队希望探索新的方法来帮助人们提高居家生活质量，融入社区，同时还能照顾到所有人的利益。康宁团队采用的工作方式在初创企业很常见，这些企业会不停地测试和学习，因此其团队手册在头 1 年就改了 4 次。本章只是本书创作期间站在服务型品牌角度看的，康宁团队工作方式的一个缩影，如果康宁团队继续践行其不断开拓的价值观，相信再过几年，团队对这些理念很有可能会产生新的思路。

服务型品牌的主要观点

- 将服务型品牌方法及框架用于看似不太可能的领域的好处。
- 价值观驱动型框架在减少管理控制过程中发挥的作用。
- 价值观驱动型招聘的重要性。

美

第十四章

阿斯顿·马丁·拉宫达

阿斯顿·马丁·拉宫达公司（Aston Martin Lagonda）是一个专注于创造豪华汽车和运动型多用途汽车（SUV）的英国豪华汽车集团。戴维·布朗（David Brown）先生于1947年收购了1904年创立的拉宫达（Lagonda）和1913年创立的阿斯顿·马丁（Aston Martin），新企业更名为阿斯顿·马丁·拉宫达。知名品牌阿斯顿·马丁·拉宫达代表先进的技术、出色的手工工艺和不易过时的设计，汽车在全球53个国家销售。这家企业尚未找到将其经典品牌变现的方式，自企业成立107年以来，在全球仅售出不到12万辆车，而且先后经历了7次破产。安迪·帕尔默（Andy Palmer）博士曾于2014年至2020年间担任阿斯顿·马丁·拉宫达的总裁兼首席执行官，我们曾帮其成功实施一个服务型品牌项目，项目实施期间他还负责尼桑的英菲尼迪（Infiniti）品牌，站在服务型品牌视角观察阿斯顿·马丁·拉宫达在此期间的经历则是一个好机会。

商业环境

2018年全球豪华汽车市场市值4957亿美元，预计到2026年将增加到7332亿美元。全球奢侈品市场需求在新冠疫情暴发前就已经开始下滑了，在此书编写之际尤其脆弱，可能是整个快速消费品市场中受损最严重的，预计下滑18%。目前所有高端汽车无一幸免，很多都面临着经济问题。三大科技应用趋势正在对整个汽车市场造成深远影响，它们是：混动和电动发动机、零排放汽车以及自动驾驶技术与联网功能。

第二个百年计划

在安迪·帕尔默和一个新管理团队的带领下，阿斯顿·马丁·拉宫达集团于 2015 年发起了一项"第二个百年计划"以带动集团可持续增长。这项为期 7 年的宏伟计划分为稳定、核心强化以及组合扩张 3 个阶段，旨在打造成功并且可持续的奢侈品业务，这在企业历史上属于首创。为了确保自由现金流足以支持产品的长期开发过程，并且确保企业能为投资者带来诱人回报，企业决定大大提升赢利能力并增加现金流。该项计划最终将全面升级现有产品组合，增加 4 个车型，同时将在威尔士（Wales）的圣安森（St Athan）新建一个生产中心。为了支持这项调整计划，集团控制中期投资、再次坚持价格和利润原则、再次选择发布新品的时机并改善现金流，从而优化了资产负债，提高了财务和经营的稳定性及灵活性。几年来，有的奢侈品品牌为了追求短期经济利益已经"出卖了自己的灵魂"，有些则继续怀着满腔热血斥资于华而不实的项目，有的则以失败告终。然而"第二个百年计划"旨在提供价值观驱动型服务，从而实现可持续业绩。在介绍完服务型品牌要素以后，我们将在本章简单介绍这项计划的进展情况。

品牌识别

阿斯顿·马丁·拉宫达是全球最著名的英国品牌之一。"第二个百年计划"中的品牌愿景是"成为伟大的英国汽车公司，打造全世界最好看、最出色的汽车艺术"，用其市场营销语言来说，则是"为了爱美之心"。安迪·帕尔默总结道："阿斯顿·马丁·拉宫达代表一种驾驶体验，代表有灵魂、有个性的汽车。我们的工程师和艺术家赋予每辆车独特而唯美的外观，它代表车主的梦想和渴望。阿斯顿·马丁·拉宫达的生命线就是：让每个客户梦想成真。"

为了实现这个愿景，企业提出了一套新的业务行为，这相当于价值观，这些行为与"第二个百年计划"的目标相符，即合作、客户中心、沟通、奉献、不断挑战以及完善自我。

阿斯顿·马丁·拉宫达的产品阵容是对其品牌的形象诠释，从产品角度看，中期重点在于：加强阿斯顿·马丁·拉宫达在运动汽车和 SUV 板块的市场地位——用 7 年时间瞄准七大高端豪华板块群体，推出七大系列车型。最受欢迎并且利润最高的顶配车型和限量款将继续保持。成功的关键在于将阿斯顿·马丁·拉宫达定位为奢侈生活方式品牌，兜售"梦想"的同时不忘初心，即以面向未来的设计改进基础产品单。面对全球 8000 多万其他汽车品牌，阿斯顿·马丁·拉宫达作为豪华品牌独树一帜，与周迎杰（Jimmy Chow）、博柏利（Burberry）和百达翡丽（Patek Philippe）等齐名。阿斯顿·马丁·拉宫达是客户身份和高贵品位的象征。

本书第五章提到了服务型品牌特征的概念。阿斯顿·马丁·拉宫达分别通过视觉、味觉和触觉来建立其服务型品牌特征：选择维尔桥（Bridge of Weir）提供天然优质皮革。正如创意总监马雷克·莱克曼（Marek Reichman）所言："有了它，汽车给人一种特别的感觉，让人一见倾心。"

这个品牌最大的"生活方式资产"仍然是它最著名的虚拟客户詹姆斯·邦德。事情缘起伊恩·弗莱明（Ian Fleming）1959 年的一部小说《神秘金手指》（*Goldfinger*），这部小说于 1964 年被拍摄成电影《金手指》（*Goldfinger*），因此捧红了肖恩·康纳利（Sean Connery），也捧红了当时最新款车型 DB5，将偶像人物詹姆斯·邦德与阿斯顿·马丁牢牢地联系在一起。此后 50 多年，虚拟人物和经典英国汽车品牌之间结下了不解之缘。在下一部詹姆斯·邦德电影（此书编写之际定于 2021 年 4 月上映）中，将有 4 款阿斯顿·马丁·拉宫达汽车首次亮相，分别是 DB5、V8 沙龙（V8 Saloon）以及最新的 DBS 超轻级（DBS Superleggera）和瓦尔哈拉（Valhalla）。邦德系列电影还令阿斯顿·马丁·拉宫达汽车大卖，尤其是在中国和美国市场上。为了将这种关系变现，停产 55 年后，阿斯顿·马丁·拉宫达汽车重新生产 25 辆限量款阿斯顿·马丁·拉宫达 DB5 金手指（Goldfinger Continuation），每辆标价 330 万英镑。

与此同时，第二个百年计划面临的挑战是，如何实现目标消费者群体的转变，原来是 45 岁到 60 岁的男性，如今要扩大产品系列以迎合更多消费者的需求。例如，DBX SUV 的目标客户是 40 岁左右、有子女的西海岸企业家，这个群体被称为"夏洛特"（Charlotte），预期占整个销量的 50%，而运动系列车型的销量比只有 10%。需要注意的是，在迎合消费者需求时阿斯顿·马丁·拉宫达并没有给人一种区别对待两性的感觉，男性消费者群体和女性消费者群体似乎都因相同的品牌特征而深爱阿斯顿·马丁·拉宫达，爱它的力量、唯美、灵魂。要触达新的多元化受众，又要维持品牌形象，阿斯顿·马丁·拉宫达内部将这一挑战称为"金锁战略"，即三方平衡，首先是价格和销量的本真性，阿斯顿·马丁·拉宫达的车很贵，因此要控制产量；其次，产品要有本真性，必须坚持纯手工打造，确保豪华品质和操作方便；最后一点最重要，阿斯顿·马丁·拉宫达是一个友好的奢侈品牌。

除了第二个百年计划外，"生活艺术"计划强化了这个品牌的奢侈特征。这项计划的目标是，加强品牌在奢侈品板块的存在感和定位，服务于阿斯顿·马丁·拉宫达的目标市场和客户。品牌合作是与目标受众建立联系的一个关键战略，为此阿斯顿·马丁·拉宫达将其名称许可给迈阿密的一个旗舰住宅综合体——阿斯顿·马丁项目（Aston Martin appeals），这个项目于 2021 年竣工。还推出了 AM37 动力船，将品牌范围拓展到高性能豪华游艇市场。

还与其他奢侈品牌开展广泛合作，例如定制眼镜品牌伦敦马尔马（Marma London）、越南蕾丝床品艾米莉亚·布拉诺（Emilia Burano）、希尔顿、声乐设备品牌梦节奏（Beats by Dre）、天空（Sky），甚至包括视觉概念飞机品牌轻盈视觉（Volante Vision）以及阿斯顿·马丁·拉宫达版婴儿车银色之浪（Silver Cross Surf）。2016 年 9 月，一个新的阿斯顿·马丁·拉宫达品牌中心在伦敦丹佛街开业，用于展示"生活艺术"。

尽管上文说了很多，但最重要的可能是和红牛的合作。这一充满创意的合作协议让阿斯顿·马丁·拉宫达在世界耐力锦标赛中更加引人注目，不管是与红牛的合作还是参加世界耐力锦标赛，这都为阿斯顿·马丁·拉宫达就核心系列车型进行技术开发奠定了基础。合作还提高了阿斯顿·马丁·拉宫达在全球的品牌知名度，尤其是特定产品开发，例如优势 S（Vantage S）红牛版和阿斯顿·马丁·拉宫达战神超级跑车。经过此次合作，阿斯顿·马丁·拉宫达跑车阵容出现了中置发动机车型，阿斯顿·马丁·拉宫达也因此得以参加 F1 比赛。对于阿斯顿·马丁·拉宫达而言，最好的合作机会莫过于与 F1 体验及其生活方式建立联系。首先，全世界的观众都能在电视上看到赛车，看到阿斯顿·马丁·拉宫达的标志；其次，场地经验、主办比赛以及 F1 相关活动为阿斯顿·马丁·拉宫达提供了一个绝佳机会，使其能够与客户和潜在客户对话，借以展示产品、举办车展并提供赛道经验等。

总之，阿斯顿·马丁·拉宫达的市场营销策略是，在 F1 赛场、豪华酒店和车展等场所开展基于产品的活动或提供体验，利用数据瞄准数量相对较小的潜在客户，同时通过大众媒体广告进行广泛的品牌建设，确保品牌被充分理解。阿斯顿·马丁·拉宫达还积极拥抱数字化技术，它投资建设新网站，客户可以在新网站上创建独一无二的定制汽车，网上商店在一个虚拟界面展示阿斯顿·马丁·拉宫达的所有豪华产品。预计 75% 的客户知道自己想要什么样的品牌，因此市场营销（而非销售）的重点就很好理解了。

社交媒体平台是非常有效的市场接触渠道。尽管阿斯顿·马丁·拉宫达的市场占有率只有顶部的 1%，但是它在大众市场和品牌粉丝中的威望极高。近年来社交媒体渠道出现了飞速增长：在本书编写之际，阿斯顿·马丁·拉宫达在推特上有 130 万名粉丝，脸书浏览量超过 4100 万。即便人们很有可能不会购买阿斯顿·马丁·拉宫达的产品，但是阿斯顿·马丁·拉宫达公司和品牌所代表的东西却广为人知。阿斯顿·马丁·拉宫达专做纯手工打造的唯美汽车，很多人很喜欢谈论这个话题，包括其制作工艺等。可达性极其重要，需要表现出对全体消费者的尊重、需要向其提供优质内容，从而使对其感兴趣的人不知不觉成为品牌的代言人。

员工敬业度

为了支持"第二个百年计划"，阿斯顿·马丁·拉宫达提出一项名为"专业、激情、激励"的文化转型项目，其目标是形成一种专注于质量、客户体验、产品及财务的新的企业文化。还有一项员工激励计划，旨在使阿斯顿·马丁·拉宫达的员工更加富于创造性、更有企业家精神，而不是没有个性的"企业员工"。公司在加利福尼亚、上海、法兰克福和新奥尔良举办研讨会，确保阿斯顿·马丁·拉宫达的企业文化在全体公司员工中得到切实践行。

行为和文化的这种改观体现在端到端客户体验中，公司采用以文化和行为为核心的面试问题与评估中心过程。比起拥有丰富汽车经销经验的员工，公司鼓励特许经销商招聘那些深入了解奢侈品客户的员工。新员工入职当天需要参加一个面对面入职活动，届时会对公司有一个大概了解，并且了解阿斯顿·马丁·拉宫达的行为和文化。为了确保整个企业内部协调一致，最核心的人员目标与公司目标直接关联。还有一个新的自动评估过程专注于易用性并提供总结性数据，以便评估完成程度和进度，这反过来能促使员工实现自我成长。这个系统与一个新的在线学习平台相关联，员工随时可通过任何移动设备学习，也可在教室参加培训并开展学术研究。这项学习计划由安迪·帕尔默亲自支持，安迪·帕尔默为每堂课设定一个主题供学员思考，以便在制定广泛战略时顾及学员所学内容。他还参加了高级管理人员培训课程、团队建设课程和战略规划课程。

高级管理团队旨在制订并落实一些计划，从而有效沟通、树立模范、开展培训，并且加强企业文化。企业建立了一个跨部门工作组，因此这一工作流得以在整个企业全面运行。跨部门团队成了企业文化的一部分，在企业内部被广泛用于发现并解决问题。

公司向 2200 名员工提供 1000 英镑的一次性现金奖励，用于购买公司股份，但是采取自愿原则。作为 IPO 奖励计划的一部分，公司还向管理团队（即比高级管理团队低一级的管理团队）发放一笔奖励，其金额等于个人的年度工资。

客户体验

阿斯顿·马丁·拉宫达人深知，客户购买阿斯顿·马丁·拉宫达汽车时有很大一部分原因来自感情，有可能是客户 14 岁那年看到卧室墙上的一幅海报，过了三四十年才买车。这意味着交车的瞬间既不是公司与客户之间关系的开始，也不是其终结，在整个客户旅程中，阿斯顿·马丁·拉宫达始终面临着各种各样的挑战。汽车固然要满足客户的期望，然而精心维持客户关系，使其始终满足客户期望也非常关键。与主流汽车行业的客户关系大不一样，这种服务更加个性化、公司和客户之间的联系更直接。阿斯顿·马丁·拉宫达与同行业的企业有点不一样，因为阿斯顿·马丁·拉宫达 90% 的店铺都是特许经营，这能使客户与特许经营店之间建立优质关系，同时与生产厂家之间建立直接关系。通过"阿斯顿·马丁Q"汽车定制计划等产品定制，公司与客户的感情联系更加牢固。客户可以通过虚拟方式全面定制自己的爱车，包括机械系统的规格、设计特征细节等。首先，客户会选择特定车型并提出新的东西，例如，选择V8华帝（V8 Vantage）或V12华帝（V12 Vantage），利用当地经销商的专属软件设计自己心目中独一无二的爱车。

阿斯顿·马丁·拉宫达汽车的大部分生产都是在沃里克郡（Warwickshire）的盖登工厂（Gaydon facility）手工完成的。平均每辆车需要花费220小时进行组装，而每辆标配豪华轿车的平均组装时间只有20小时。客户可以随时去盖登工厂参观自己爱车的各个生产过程并且确定细节，例如喷漆和内饰的颜色、配件、内部设计以及众多配件选择方案。

直销团队通过一个平台与客户灵活互动。因此阿斯顿·马丁·拉宫达非常重视与客户的对话，认为客户如果掌握了汽车知识，则表明你与客户进行了互动。站在客户角度看：有些客户买了车以后不喜欢被打扰，有些则喜欢通过社交媒体、网络会员、网站或客户忠诚度计划与品牌互动。关键在于，通过简便方式提供客户期待的关怀和互动。客户可能希望能够通过多个平台获得简便、精准、共情且高效的服务，但是他们可能会选择通过一个渠道与品牌互动，或者可能不想主动联系品牌售后人员。

2016年，阿斯顿·马丁·拉宫达采用了一种整体客户质量满意度达成方法，这种方法不再局限于汽车生产。企业发起了一项名为"永恒"的全球认证二手跑车计划。该计划为客户提供质量上乘、保险到位，并且高度可信的阿斯顿·马丁二手跑车。阿斯顿·马丁工场（Aston Martin Works）还开设了一个新的传统卫星展厅，作为对斯特斯多（Stratstone）的附近五月集市（Mayfair）特许经销的补充，以满足人们对经典车型日益增长的兴趣。90%的阿斯顿·马丁·拉宫达车型如今仍很活跃，我们不确定剩下的10%中有多少辆车在电影拍摄现场"阵亡"了。

比起产品，阿斯顿·马丁·拉宫达更关注体验，这一点体现在它对整个客户旅程的重视：名片的设计与质感，特许经销商店铺内咖啡的提供方式，向交付方赠送个性化礼品……这些都经过精心设计。阿斯顿·马丁·拉宫达甚至通过虚拟现实技术向客户提供驾驶体验，像这种逼真的"惊艳"时刻令人怦然心动，让人一见倾心且无法自拔。阿斯顿·马丁·拉宫达希望每一个触点都值得怀念，并且超出触点本身来维持客户关系。其目标是，要非常熟悉目前的年均 7000 名客户，就像熟悉年销量只有 100 辆车时的客户一样。

系统与过程

协作是阿斯顿·马丁·拉宫达新工作方式的基础，因此沟通是重中之重。成车包括 1000 个部件，只有各个部件之间的密切配合才能实现整体的完美，而整个协作过程则涉及数百人，耗时 200 小时到 2000 小时。阿斯顿·马丁·拉宫达发现，思想一致是实现创新、创造和高效生产的一个关键驱动力。公司采用微软 365 的数字工具激发员工创造性、提供数据洞察，并促进团队协作，从而促使不断完善产品性能和风格，最终实现优致驾驶体验。赛富时（Salesforce）的应用程序聊天者（Chatter）被用于简化与经销商之间的沟通，当沟通涉及多个地方的经销商时，Chatter 能够让各团队围绕一个问题解决方案或主题进行沟通，从而加强协作、提高配合度。

因此，另一个关键考虑因素就是安全。采用办公 365（Office 365）以后，数据可以从员工设备传输到"一存储"（OneDrive）上，在微软云环境中得到保护。员工可以在任何地方远程工作，访问权的管理很简单，还采取了其他智能安全解决方案来避免对网络的高级威胁。微软项目在线也是一个重要项目，它在促进新生产节奏合理化的过程中发挥着不可替代的作用，可以同时控制 10 个计划，而在此之前每次只能控制 1 个计划；还可以根据整个计划组合，在不同计划之间调节资源配置和时间节点。工作人员的数量没有变，但是工作却更加智能化，因此效率更高，产出更多。

随着联网汽车的开发，阿斯顿·马丁·拉宫达需要解决客户和供应链面临的网络安全问题。阿斯顿·马丁·拉宫达客户资料一旦被盗，将给品牌带来巨大的名誉损失，不管是真实的还是被认为的盗窃。因此阿斯顿·马丁·拉宫达投入大量时间和资金为企业提供"面向未来的保护"，朱庇特网络合作（Jupiter Network Partnership）就是其中一个项目。

在"客户体验"一节我们说过系统非常关键，在客户中心与创新时代，雷霆一号融合中心（Thunderhead ONE Engagement Hub）为阿斯顿·马丁·拉宫达提供技术支持，有了它，阿斯顿·马丁·拉宫达能够同时与潜在客户和现有客户建立个性化的亲密关系。阿斯顿·马丁·拉宫达希望利用该中心提供的行为洞察和旅程分析结果与经销商和客户建立联系，从而实现真正的全渠道客户融合。

最后我们要用一个例子说明阿斯顿·马丁·拉宫达自上而下都非常重视整体客户质量满意度。为了让每辆车配得上阿斯顿·马丁·拉宫达的标志，最后有一项涉及 175 个点的检查，检查结束后，检验人员的名字会被刻在发动机上，代表产品质量达标。安德鲁·帕默（Andrew Palmer）会亲自检查，并签署为客户生产的首批 1000 辆 DB11。我们非常喜欢阿斯顿·马丁·拉宫达的这种"签名"，因为它代表着一种人性化的承诺和自信。

衡量与洞察

设计公司密切关注企业的衡量与洞察可能不足为奇。在品牌识别领域，阿斯顿·马丁·拉宫达通常被叫作世界一流品牌。2018 年阿斯顿·马丁·拉宫达荣获年度奢侈品牌奖，是快速成长的一个汽车品牌。

对于员工敬业度，年度敬业度调查结果显示，阿斯顿·马丁·拉宫达形成了一种新的企业文化、学习策略和阿斯顿·马丁·拉宫达风格。这是一项持续调查，为了检查过程是否合理并且寻找改进空间。

对于客户体验，销售力量（Salesforce）的技术帮助阿斯顿·马丁·拉宫达进行有针对性的个性化、自动沟通，从而形成一对一客户体验，并且提供更深的洞察来进一步把控客户沟通，以更好满足客户需求。为此阿斯顿·马丁·拉宫达通过数据分析全面了解客户，从而使员工做出更明智、更迅速的决定。分析之细致令人震惊，例如分析对象竟然包括了客户的行车里程。

除了在生产过程中进行严苛的质检和测试外，阿斯顿·马丁·拉宫达还定期检查消耗品，确保消耗品达标。对质量的这种专注大大提高了客户满意度，也提高了 DB11 车型的性能质量。2017 年，在阿斯顿·马丁·拉宫达所有的中档车中，DB11 的消耗品审核得分最高。

为了进一步优化 DBX 车型，阿斯顿·马丁·拉宫达决定深入洞察消费者趋势，因此发现市场越来越喜欢跨界车，而 DBX 车型则有可能扩大品牌的客户基础。阿斯顿·马丁·拉宫达还发现，女性角色越来越重要，不论是作为车主还是作为客户，她们对消费决策的影响都越来越大，于是成立了一个 DBX 车型女性顾问委员会来支持汽车内部设计，让驾驶员"随时可以上手"。

第二个百年计划的进展

第二个百年计划包括 5 个独特的工作流，我们按照服务型品牌方法的要素总结如下：

● **激动人心的，以消费者为核心的奢侈品**：除限量款、独家款和稀有款外，针对多样性的全球奢侈品客户基础，投资于核心新产品的研发，新产品同时覆盖当前和新的市场板块，此即品牌识别和客户体验。

- **加强全球品牌和销售力：**培育并强化品牌；进一步巩固与客户的品牌亲和关系；利用数据和本地知识触达新客户，此即品牌识别和衡量与洞察。

- **世界级价值与过程：**在保证质量的前提下实现过程精益化、高效化，同时降低成本基础，成为世界级运营商，此即系统与过程。

- **顶级品质：**坚持原则、追求精确、专注细节。对汽车的每个要素精益求精，此即系统与过程和员工敬业度。

- **责任与人员：**激发并培养以激情、合作、可靠、机会和创造力为核心的企业文化，包括遵守职业道德、透明化工作，此即员工敬业度。

以上工作流由一个涵盖生产、财务、信息技术、研发和人力资源的跨职能部门高级管理人员团队主持。团队采用线性结构，使用麦肯锡的影响力模型，从4个方面为每个人树立榜样：理解与坚信、角色榜样、改变所需技术以及强化机制。

在2014年，高端奢侈品行业实现年比增长，全球高净值个人财富预测受高净值个人人数增加驱动，而汽车是带动奢侈品板块增长的一个主要因素。为确保阿斯顿·马丁·拉宫达能充分利用此次增长机会，公司分析了奢侈品市场，将其界定为七大不同群体。采取的方法是：了解每个群体背后客户的驱动力和预期，即这些客户想让阿斯顿·马丁·拉宫达提供什么？由此需要思考，如何才能针对每个群体提供最好的、与众不同的阿斯顿·马丁·拉宫达，也就是需要在7年内针对七大群体设计7款汽车。

这项战略于2015年启动，最初的战略重点是确保业务稳定。2015年一季度提出一项再平衡计划，该项计划将员工从原来的2100人裁减到大约1800人，提高了工作效率，合理配置了资源，精简了管理层人员，实现企业结构扁平化。首席执行官收到了3份报告，主题分别是规划、职能部门和地区。规划报告提出要开发新产品，涵盖概念化、设计和建造。职能部门报告包括生产、营销、财务、信息技术等部门。六大区域报告则介绍了消费者，六大区域即亚太、欧洲、英国、美国、中东与非洲，并且介绍了各地区的市场营销和销售计划。与此同时，战略第二阶段是跑车组合升级，投资结果是在 2016 年 3 月推出 DB11；战略第三阶段是扩大阿斯顿·马丁·拉宫达产品范围，最大限度实现品牌全球发售，公司于 2015 年 3 月推出 DBX 概念车，并宣布将在南威尔士的圣安森新建一个生产工厂。

到 2016 年年底，基本上实现了第二个百年计划的落地。通过实现组织合理化、高度注重成本控制以及减少特许经销商和港口库存，企业的赢利能力增强。企业建立了一个更强大的地区团队和经销商网络，并且建立了一个跨职能部门的"客户整体质量满意度方法"，直接向首席执行官报告，这些措施大大改善了组织结构。企业投资于新一代跑车，并且交付了新的小众产品 [GT12 和阿斯顿·马丁威鲁肯（Aston Martin Vulcan）]，新阵容被用于提高品牌在合作和全球活动中的曝光度。该项计划的首款车 DB11 双门轿车于 2016 年发布，随即备受好评，销量创 9 年之最，这是企业自 2010 年以来的首次赢利（8700 万英镑）。

随着第二个百年计划实现开门红，企业于 2018 年 8 月首次公开募股。期望很高，但是首战失利（2018 年 10 月），到 2019 年 2 月阿斯顿·马丁·拉宫达损失了本次首次公开募股时总市值的近一半。2018 年首个财年，财报显示年度亏损 6800 万英镑。由于第二个百年计划中的第二款车型 Vantage 销售情况不佳，再加上英国脱欧事件导致的经济不确定性，2019 年 7 月，企业发布了一则令人震惊的利润警告。2019 年 8 月，公司市值跌破 15 亿英镑，而首次公开募股时其总市值则为 46 亿英镑。2020 年 1 月，企业再次发布利润警告，销量下降，再加上成本上升，导致企业近期的财务前景实在堪忧。为此，阿斯顿·马丁·拉宫达向以加拿大富商劳伦斯·斯特罗尔（Lawrence

Stroll）为首的投资者再融资 5 亿多英镑救急。拥有赛场和奢侈品时尚品牌背景的劳伦斯·斯特罗尔成为阿斯顿·马丁·拉宫达集团的执行董事长。斯特罗尔先生的战略包括，推迟之前的电动汽车计划，专注于比赛，并且开发中置发动机跑车，向法拉利发起挑战。考虑到以后，他目前的 F1 车队赛车时刻（Racing Point）将重新被冠名为阿斯顿·马丁工场（Aston Martin Works）。

最新进展

2020 年 5 月，企业宣布由托比亚斯·莫尔斯（Tobias Moers）接替安迪·帕尔默（Andy Palmer）成为企业首席执行官，莫尔斯曾是奔驰的总裁、戴姆勒的性能总监，未来他将带领企业砥砺前行。

2020 年企业宣布裁员计划，以降低成本基础，适应跑车生产线产量的下调，从而提高赢利能力，企业表示将通过该计划实现利润增长。在一份声明中，阿斯顿·马丁·拉宫达表示，其战略计划需要"进行根本调整，包括计划降低发动机前置式跑车的产量，重新调整供应量来满足需求"。这包括将运营费用削减约 1000 万英镑、之前宣布的一项 1000 万英镑储蓄计划、将生产成本降低约 800 万英镑、将资本开支降低约 1000 万英镑，同时本年度相关现金重组成本预算共计 1200 万英镑。

第二个百年计划最初的实施非常有力、效果惊人，但是由于 Vantage 需求量下降，短期财务状况不佳，再加上新冠疫情的综合影响，如今该项计划似乎要脱轨。但是企业在品牌识别、员工敬业度、客户体验、系统与过程，以及衡量与洞察方面打下了牢固基础。随着 DBX SUV 目前走下生产线，2022 年新款发动机中置式征服（Vanquish）超级跑车即将投产，对这几种车型旺盛的市场需求很有可能帮助企业渡过难关，进一步巩固其业务模式。全球市场研究结果显示，2018 年售出了 2977 万辆 SUV，比上年增加了大约 200 万辆，然而随着越来越多的汽车以独特方式解读四轮驱动豪华车，SUV 市场日趋饱和。DBX 需求量大，初期互动气氛热烈。Evo 杂志评论："阿斯顿·马丁·拉宫达的首款 SUV 绝不仅仅是 SUV，DBX 是这家英国公司有史以来造得最好的汽车。"

时间会证明一切的……

服务型品牌的主要观点

● 品牌忠诚度的情感力量——阿斯顿·马丁·拉宫达的很多客户觉得拥有阿斯顿·马丁·拉宫达是一种"特权"。

● 品牌扩张的困境——了解品牌的本质，了解品牌扩张的机会和限制。对于阿斯顿·马丁·拉宫达而言，与唯美赛车的距离越远，品牌扩张的风险就越大。

● 服务型品牌方法是一种卓越商业运营模式，但是对战略所有权和财务决定没有影响。

包容性

第十五章

易安信（全球不动产与设施）

2015 年被戴尔收购之前，易安信是信息技术即服务行业的全球领导者，在全球 86 个国家拥有经营机构，生产工厂遍及美国和爱尔兰。在欧洲、中东与非洲（下文简称 EMEA）地区，易安信在 49 个国家拥有 125 个工作场所，员工近 12 000 名。易安信 EMEA 不动产与设施职能部门拥有少量直接聘用的高级员工，通过多个地区级服务合作伙伴公司和 300 多名员工运营外包服务交付模式，这种模式与易安信长期以来的外包文化相符。这家企业的共同创始人理查德·伊根（Richard Egan，代表易安信英文名称 EMC 中的 E）认为，没有供应链合作伙伴的支持，企业就不可能取得成功。易安信的全球不动产与设施职能部门通过易安信的设施管理外包安排继续采用伊根的方法，根据该方法，服务供应商被当作合作伙伴，是易安信结构的一部分。本书共同作者艾伦·威廉姆斯及其同事艾莉森·怀布罗（Alison Whybrow）被邀请采用服务型品牌方法，通过一个卓越服务文化项目为这个职能部门提供支持。

商业版图

在易安信 EMEA 不动产与设施职能部门，人们心里想的是"最好别犯错"，而不是"怎样才能把工作做到极致"，他们通常不关心客户体验。易安信领导团队在该地区有十多个供应链合作伙伴，但是却没有共同愿景和统一标准，也没有战略或路线图。他们有一种竖井心态，而且不动产与设施团队划分为不动产、设施运营、环境健康与安全、合规与安全分部，相互之间各司其职。从易安信内部客户角度来看，这导致团队看起来十分松散。

而且当时易安信正处于业务转型期，因此需要加强合规、化解风险、提高灵敏度，同时需要部门和地区间的协作。易安信想要提供最好的设施管理行业惯例，从而实现并改进其核心业务业绩，吸引并挽留优秀员工。

易安信的一个核心价值观是"把客户体验放在第一位"。为了在提供服务时形成一个统一团队，我们决定为 EMEA 不动产与设施职能部门引进酒店业的服务文化，而这个价值观是当时的首要考虑因素，其目的是在这个地区形成并落实卓越服务、创新、可持续的企业文化。为此当时计划打造一个值得信赖的行业领先服务团队和合作伙伴关系，以提供优质服务，从而与易安信员工建立密切的感情联系。布鲁斯·巴克利（Bruce Barclay）拥有五星级酒店和物业管理背景，因此被招聘到易安信担任高管。

这个部门因此引入了服务型品牌方法理念。由于财务部门之前已经成功建立了一个统一操作平台，因此提出继续用该方法提供运营服务后，得到了大家的积极支持和强烈期待。彻底转变服务交付方式后，不动产与设施职能部门能够以可预测成本向易安信内部客户提供可预测的统一服务。

这个转型项目采用了服务型品牌运营平台和合适的品牌。在此过程中还对典型的服务型品牌方法做了微调——加入了财务这个额外独立要素，因此新要素包括品牌识别、员工敬业度、客户体验、系统与过程、财务以及衡量与洞察。

品牌识别

明确易安信的核心价值观和使命是企业取得成功的基石。首先，不动产与设施职能部门的领导团队需要召开一系列讨论会，会上将企业核心价值观转变为针对本部门的一套具体价值观，并且制定统一战略和路线图。易安信当时一共有 10 个价值观，这一点不是很好。为了与易安信核心业务保持一致，同时避免被人指责擅自篡改，我们不得不对这些价值观做一些取舍，从而将新的价值观用于该计划。

服务合作伙伴的思维方式需要转变。以前服务合作伙伴之间把彼此看作为一个客户提供服务的竞争对手，这种模式是不能持续的，因此永远无法实现易安信核心业务需要达成的结果。为此需要打造"团队"文化，使整个群体（从外部供应商合作伙伴到内部员工）感觉自己属于企业大家庭的一员，彼此需要相互配合，以体现并强化客户品牌。"团队"融合了位于爱尔兰的不动产与设施领导团队下属的多个职能部门，包括不动产、设施运营、环境健康与安全以及合规与安全。

企业设计了"团队"品牌标志，并将其纳入一项跨地区品牌计划，逐步渗透到所有工作场所，不管是电子邮件签名、展示铭牌，还是易安信物业投资组合的标志，在企业的任何地方都能看到这个标志。这一转变十分明显，因为在此之前，服务合作伙伴企业用的都是自己的企业品牌，有的甚至根本就没有品牌。随着项目进展，为了与全球不动产与设施职能部门保持一致，"团队"品牌演变成为设施即服务品牌。不管是提供各种不动产与设施服务个人，也就是易安信员工，还是接受服务的客户，采用的原则始终是一样的：以鲜明而统一的视觉识别来明确表达企业统一的思维模式。

员工敬业度

在形成团队思维模式过程中面临的最大挑战是，不动产与设施领导者群体庞大，而且分布在不同地区，甚至受聘于不同企业。为了形成跨境团队意识，企业在巴黎组织了一场就职领导者峰会，共有 34 名 EMEA 不动产与设施团队成员参会，会场气氛热烈，大家积极互动。会议活动包括主旨演讲、工作会议以及对愿景与价值观、路线图和"团队"方法的讨论。会上介绍并说明了"团队"操作平台的结构，与会团队提出该平台的实施方法和实际工作思路，经过排序，商定了其中最好的 15 个思路。其中 9 个思路在半年内实施，其余 6 个思路则在接下来的半年内实施。

与会人员对于本次会议的效果给予高度评价，有几个服务合作伙伴坦言，其实在这次会议之前，他们始终对"团队"方法持怀疑态度，觉得这不过是变相地增加供应商的负担，而不会产生实际效果，但是这次会议的召开打消了他们的这种想法。

"团队"方法的好处在这次会议中已经凸显出来了。企业鼓励与会者在会上随意拍摄照片和视频，收集的素材被制作成一个会议视频。视频制作不仅没有产生费用、没有利用外部资源，而且团队成员因制作视频变得更加团结。活动结束后，这段视频被发送给每个与会人员作为纪念。

大家对这次会议的反馈相当好，于是决定以后每年都召开一次领导者峰会，每届峰会由不同服务供应商在不同地方主办，会议一年办得比一年好。峰会召开前，会给与会者提供社交媒体会议指南，鼓励其在会后参与线上社区活动、保持联系并且分享最佳惯例。与会者抵达会场以后会收到一个礼品袋，里面装着书籍、一份"不可能的社区工作任务"和动员资料。到了第三年年底，集团成员已经形成了强烈的归属感、凝聚力和深厚情谊。

认同

在众人兴奋的期待中，在法兰克福召开的第二届领导者峰会上引进了一项奖励计划，用于奖励切实践行易安信价值观的个人和团队，包括践行价值观奖、客户服务奖以及改进与协作奖。在会议召开一年前就宣布了这项计划和奖项入围标准。此举是为了确保各个地区的努力方向以这几个方面为重点，同时邀请易安信外部行业专家组成独立评审团来审查参赛资料，因此奖项评比过程的可信度更高。此外还花费大量精力强调团队努力和所有入围标准。所有入围选手均会被评为获胜者，但只有一个参赛选手能获得本次奖项。

有了入职奖励活动的成功经验，第二年为本次活动设计了一个品牌。在科克召开的峰会上，令人垂涎已久的奖项被称为"全球不动产与设施团队成就奖"。评审团认为最有资格获奖的参赛者将被授予全球不动产与设施团队成就奖奖杯。在整个奖项计划强调的最佳惯例的带动下，业务支持解决方案和卓越服务不断得到创新和完善。这项计划带来的效果十分惊人，甚至有服务合作伙伴提名其竞争对手获得此项奖励，这表明提供卓越服务这一最终目标已经不再局限于一种竞争行为，人们为了实现这一目标而通力合作。

客户体验

确保易安信员工和访问客户在整个 EMEA 地区的体验具有一致性，这是该计划的一个重点。其目标是，易安信整个地区的员工和到访其他工作场所的其他利益相关者获得一致的体验。实现这一目标需要制定统一的服务标准、工作职责和工作内容，以确保伦敦公司接待员和法兰克福公司接待员的工作内容是一样的。企业根据不动产与设施的愿景与价值观调整了原来的工作简介。服务供应商负责说明其工作内容，在这个计划中他们能够努力以精简的语言表述其工作内容。修改工作简介是一项系统化的有效方法，大家都知道，不同地区可能存在某种文化差异，例如伦敦和迪拜公司的接待员穿的工服就不一样，但企业都格外重视各地员工与来访者打招呼的方式以及来访者在各地的体验，因此格外注重不同办公地在某些方面的一致性，例如接待人员出其不意地叫出客户的名字。

企业还鼓励地区团队针对本地区的易安信员工发起活动，有的团队将主要的跨地区活动与地区性活动相结合。为了提前确定活动的核心内容并且相应地安排地区性活动，企业还制定了一份年度活动日程表。活动内容丰富多样，包括所有部门的世界价值观日或客户体验日、各地慈善夜跑和幸福周。和以上认同计划一样，不管是核心活动还是地区性活动，企业始终努力确保所有活动的主题符合易安信的价值观，并且与不动产与设施职能部门提供的服务保持一致。

"团队"方法鼓励地方团队以新思维取悦客户，并且信任地方团队。例如在伦敦，服务合作伙伴企业自付费用安装了一个自行车停靠点，并且为在企业大楼上班的员工免费提供自行车，鼓励其在午餐时间骑自行车逛逛附近的公园或者去购物，而不必开车或乘坐公共交通工具。又如，除了完成签约工作之外，各个服务合作伙伴还针对易安信员工开展"美好一刻"活动，包括在情人节提供鲜花或纸杯蛋糕、在全球地球日免费提供绿植、免费提供自行车维修和检查服务、提供人体工程学建议，以及在流感易发季节提供免费水果，以改进员工健康状况。

易安信员工对此给予了积极而热烈的反馈，由此激发了一种强烈的敬业意识，虽然这种意识无法量化。

系统与过程

采用经过调整的品牌化服务型品牌操作平台以后，易安信整个 EMEA 地区形成了有保障的一致性的系统、过程和标准。从管理实践的高层战略到战略的落实，团队通过该平台协调所有活动，在实现协同效应最大化的同时最大限度减少重复和浪费。

团队工作组

在巴黎召开首届领导者峰会以后，服务合作伙伴们表示希望扩大原合作协议的范围，从而提高服务质量。于是成立了一个能源管理工作组来对核心业务提出建议和意见，工作组成员来自各个服务合作伙伴的专家。其工作重点是，购买公共服务、改善对可再生能源的采购以及提高能源效率。工作组分享了各个企业掌握的专业知识，针对所有场所编制了一份能源最佳实践手册，能源消耗因此快速降低，能源成本下降了10%。易安信还开展"绿色计划"，从2016年1月起，爱尔兰卓越中心各主办公区的100%的用电来自可再生能源。这一成果离不开企业持续的节能努力，易安信的碳排放量因此达到欧盟排放交易体系的会员标准，爱尔兰卓越中心也于2015年正式加入该体系。

工作组的方法大获成功，其他地方纷纷效仿。每个工作组都制定了自己的参考术语（采用统一格式），其重点在于进一步支持企业业务。工作组采用相同的最佳惯例，以求改进整个地区的表现。

整体客户体验

易安信的核心业务向来提供卓越的整体客户体验计划，为此企业已获得国际认可并荣获相关奖项。在其服务交付过程中，EMEA地区的不动产与设施团队采用这项计划的关键要素，专注于提升客户在易安信工作场所的体验，结果效果也非常显著，强化了易安信的高级领导者以及整个EMEA地区不动产与设施职能部门对整体客户体验的认知。

沟通

要维持"团队"计划的良好势头，持续沟通被认为是关键，为此企业采取了多项措施。建立了一个整体沟通框架，该框架涵盖地区活动，例如年度峰会、新闻发布日程和季度审核电话，也涵盖当地会议与沟通。

为了向团队传达最新情况，EMEA 地区采用地区新闻稿机制，作为对现有全球性不动产与设施新闻稿的补充。和这个大事日程一样，在地区层面采用双层新闻发布机制，核心内容集中编写，同时为地方相关内容留出空间，由地方进行发布和传播。

"团队"规划员提供日程，用于调整并安排地区级和地方级任务。同时通过企业的沟通门户内部 EMC 提供一个内联网系统工具，用于内部沟通。因此可以获取公共资源，可以开展协作，并且可以通过博客和论坛分享思想。据说这是业内首创，各地区持有不同视角的、相互竞争的企业在此可以共同学习、交流新思想，并且寻求以最佳实践模式实现共同目标。

这些措施意味着，不同地区、不同文化背景的人可以在工作组中定期相互交流并分享思想。这还是一种非常有效的工作方式，因为积极采纳和接受了这个工作组中的"团队"同事建议的事情。科克工作组峰会的大量例子表明，这项计划已经不仅局限于某个国家，不仅局限于企业之间的竞争，而是向着易安信卓越服务这一宏伟目标迈进。

衡量与洞察

企业很早就意识到，要实现持续发展，就必须落实一系列定量衡量程序和定性衡量程序。例如，尽管定期会收到易安信内部客户的反馈，提出其针对不动产与设施服务的看法，但是这种反馈通常采用非正式形式。易安信业务部门的经理负责交叉管理不动产与设施的开支，他们要能认识到不动产与设施职能部门的价值，从而通过长期战略为不动产与设施团队提供支持。针对经理和易安信员工的首次客户全面调查结果显示，不动产与设施团队的工作整体上做得很好，但是仍有改进空间，这些有待改进的地方被反馈给相关服务合作伙伴。这样一来，通过客观反馈发现了客户眼中工作场所存在的问题，从而可以针对这些问题采取积极的解决办法。

例如，在有人反映会议室紧缺以后，企业通过一款会议室预订软件来管理会议室，这有效提高了企业会议室的利用率，节约了大家的时间。如今品牌化的客户体验调查已经成了一项年度活动，通过这项活动，不动产与设施团队能够不断精准获取客户意见，从而有针对性地提供合适的服务。

从战略上讲，这项调查深入了解需要从哪些方面来改善业务。以下是针对 3620 人开展的第二次调查的部分结果：

- 85% 的被调查对象表示，他们对自己的办公环境十分满意，这个比例比上年增加了 5%。

- 当被问及"你会向同行推荐你现在所在的企业吗"时，65% 的被调查对象表示会推荐或已经推荐过，这个比例比上年增加了 7%。

- 99% 的被调查对象表示，他们知道全球不动产与设施部门的职责是什么，98.2% 的被调查对象表示，EMEA 的不动产与设施团队向其提供团队的最新情况。

得益于不动产与设施职能部门的改善，易安信还被评为全球 25 佳雇主。根据 2014 年的调查结果，易安信在全球最佳跨国企业雇主中排名第 18，在欧洲排名第 7，在欧洲各国的排名十分靠前，在西班牙则排名第 1。2015 年的全球评分结果显示，其在 19 个地区的评分都超过上年，83% 的被调查对象表示"易安信是个好雇主"。到了 2016 年，不动产与设施部门的业绩和客户满意度再次大幅提升。而且由于在面对易安信内部客户提出的问题时，进一步提高了响应的及时性和针对性，针对问题处理结果的投诉次数降为零，而在实施"团队"计划前投诉则为 18 次。

这种获取衡量与洞察的方法还被用于其他方面。例如，在这项计划实施的第一年，为了从整体上了解服务合作伙伴的员工对其职责、"团队"计划以及对科克领导团队的认识，公司开展了一项调查。可惜预算不够，没法像客户体验调查那样每年都开展一次调查。

前两届领导者峰会召开后分别开展过一项针对性调查，根据调查结果安排来年的活动并制订计划。首届峰会的与会者给出的净推荐值如下：

- 峰会效果：94% 的与会者表示效果非常好。
- 对"团队"计划的投入力度：91% 的与会者表示企业对这项计划投入很大。
- 峰会代表们认为，他们非常有必要进行面对面交流，而且不论他们在哪个地区、采用的哪个供应商，平时也有必要通过电话沟通来分享彼此的最佳案例。
- 企业形成了一种具有凝聚力且相互信赖的文化，这种文化改善了供应商的合作方式和问题解决方式。

在以上每种调查中，企业都注重衡量与洞察的效果，同时用定量衡量和定性数据来确保决策的可靠性。企业始终利用数据来决策，而不仅是走过场。

财务

财务并未被纳入系统与过程要素，而是作为服务型品牌操作平台的一个独立要素，这是因为易安信核心业务对财务高度重视。根据一个全球开支模式计算出了不动产与设施职能部门各部分的开支，主要是想证明通过集中管理可以节约开支、提高购买力，还可以提供宝贵的运营数据，以便做出更好的业务决策。例如可以借此了解，为什么一个工作场所的运营开支比另一个工作场所的多。

在此过程中面临的一个重要挑战是，如何算出不动产与设施职能部门在所有开支中所占的比重。有了这个信息，不动产与设施的领导者算出了易安信处理发票产生的开支，即每月 19.5 万美元。采用这个过程以后，服务合作伙伴再也不必每个月处理成千份发票，只需要提交一份发票，而且合同中明确显示了每种商品。2 年来这一措施为易安信节约了 4600 多万美元。

结论

3 年前，易安信的 EMEA 不动产与设施团队还是独立运作的群体，如今已经转变为一个高度协调的统一团队，彼此不再是竞争关系，而是精诚合作，只为了向客户和易安信部门提供最好的服务。

服务型品牌操作平台的所有业务均出现了可衡量的明显改观。通过这项计划的实施，不动产与设施职能部门在易安信高级管理层心中的形象大大改善，可靠性明显提升，不动产与设施团队开始向业务提供具有战略眼光的极其专业的建议。高级管理层进一步认识到，不动产与设施职能部门能够提升企业的最佳雇主排名，从而能促进业务增长。这项计划还改善了不动产与设施部门在易安信员工中的声誉，令沟通渠道更加顺畅。人们觉得 EMEA 不动产与设施团队的成员能够倾听客户的心声，待人更加友好，响应速度比以前快了很多。在此之前，易安信的内部客户通常在其管理结构内部提出设施问题，这些问题需要第一时间反映到位于科克（Cork）的总部，然后才能转到相关国家的分公司。但是后来直接在本国处理，这大大缩短了响应时间，提高了工作效率。

服务合作伙伴的思维方式也大有转变，在此之前他们觉得，在为易安信的不动产与设施职能部门服务过程中自己是单打独斗的，而且还要和其他的服务合作伙伴竞争，但是后来他们觉得自己是整个欧洲业务大家庭的一个成员。因此与客户的联系更加密切，员工精神面貌大有改观，领导团队更稳定，员工整体上的离职率降低。

如前文所述，年度调查结果已经表明，内部客户的满意度提升得益于"团队"方法的可扩展性和灵活性，EMEA 不动产与设施团队能够更好地满足业务需求。由于易安信是一家科技企业，经常收购新企业和拓展其他业务，整个计划期间变动非常频繁。整个 EMEA 不动产与设施服务使得团队以更低风险更有效地参与易安信的收购活动。

这项计划还大大节约了资源。在不动产方面，5 个物业合为一体，租赁期间节约了数百万欧元租金。在一个合同中，团队第一年的开支下降了 2%，第二年的开支下降了 10%，第三年下降了 12%。

最大的改善还在于客户。易安信 EMEA 总裁阿德里安·麦克唐纳（Adrian McDonald）表示："从销售角度看，我们发现全球不动产与设施团队在过去 18 个月表现突出。他们为我们在这个地区的销售团队提供优质服务，我们觉得他们是值得信赖的业务顾问。他们为易安信的业务增长做出了巨大贡献，我觉得易安信能在最佳雇主排名中遥遥领先，这离不开他们的日常工作。这激励并鼓舞着我们的员工，而且为企业带来了优质客户。"

服务型品牌的主要观点

● 服务型品牌方法对企业很重要，对内部服务职能部门也很重要。

● 在拥有共同愿景和价值观的同时要采用统一操作平台，这样可以将一些企业及其员工团结起来。

● 采取相关措施和洞察过程以后，服务型品牌方法具有惊人的可量化效果。

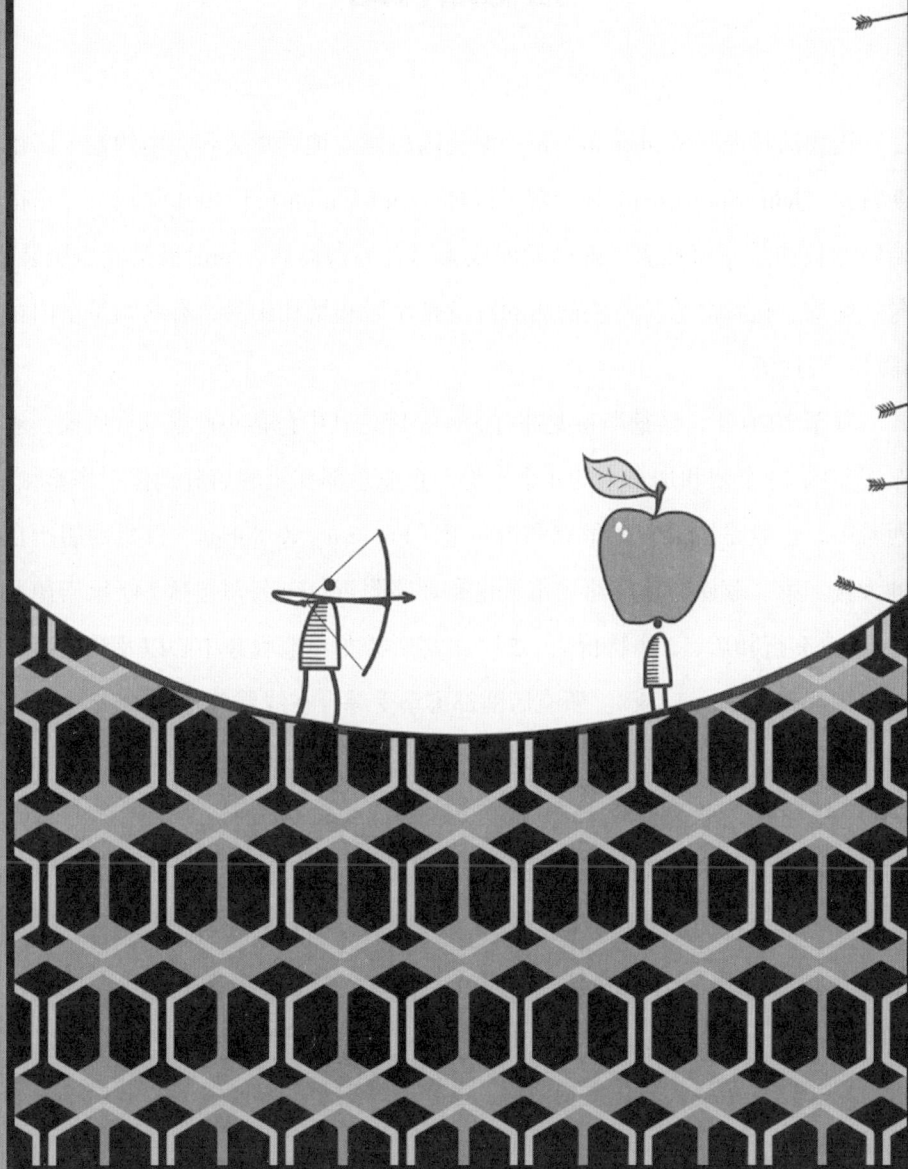

精准

第十六章

诺德斯特龙

诺德斯特龙（Nordstrom）是一家美国高档连锁百货公司，由约翰·诺德斯特龙（John Nordstrom）和卡尔·沃林（Carl Wallin）于 1901 年成立。诺德斯特龙最初是一家鞋店，随后发展成为综合零售商店，商品品类涵盖服装、包、配饰、化妆品等。有些商店的特色是家居和婚礼用品，有些则是室内咖啡厅、餐厅等。

截至 2020 年，诺德斯特龙拥有 354 家店，其中包括 100 家综合店铺，遍布于美国 40 个州和加拿大的 4 个省份。企业总部和旗舰店分别位于华盛顿、西雅图，也就是原弗雷德里克和纳尔逊（Frederick & Nelson）百货商店所在的大楼。第二家旗舰店在纽约市哥伦布环路附近。分公司包括 247 家诺德斯特龙 Rack 折扣店、2 个特价店、5 个诺德斯特龙当地服务中心以及线上会员店浩特可观（HauteLook）。所有店铺都可享受综合在线服务。

2020 年 8 月，诺德斯特龙拥有 68 000 名员工，这包括全职和兼职员工。2019 年，企业年度营业额 158.6 亿美元，利润 5.64 亿美元。年均在线接待顾客 8 亿人次，实体店接待顾客 3500 万人次。

有一个人可能非常熟悉诺德斯特龙以及诺德斯特龙家族，他就是《诺德斯特龙经营之道》（The Nordstrom Way）系列丛书的作者罗伯特·斯佩克特（Robert Spector）。斯佩克特先后采访过诺德斯特龙家族的三代人，还在全球进行诺德斯特龙服务文化主题演讲。我们有幸邀请斯佩克特参与我们这个小型案例研究，并且将在本章介绍他对这家企业的独特见解。

商业版图

北美的零售业正在经历持续转型，其中有些顶级零售商已经稳定下来，与此同时，有的则不幸破产。谁能用心了解消费者真正需要的东西，谁就能引领行业。如今认识到这一层面变得空前重要，尤其是随着供应链、数字技术和其他创新的融合。

早在新冠疫情暴发之前，由于经济可能衰退，经济展望就变得不明朗了。最有前途的零售商将会是那些制订了战略计划来自由应变的企业，这种计划需要专注于四大成功要素，即明确的目标和价值定位、用于战略投资的资金储备、拥抱技术和自动化、突破实体零售进行合作与创新。

品牌识别

提供一流客户体验是诺德斯特龙业务模式的核心。企业的使命是"继续努力提供独特的产品门类、出色的客户服务以及美好的客户体验"。当被问及企业和企业目标时，主席兼首席执行官埃里克·诺德斯特龙（Erik Nordstrom）表示："总之我们的首要目标是提高服务质量，让客户体验越来越好。"一句话，客户体验就是品牌。

价值观也至关重要。董事长兼首席品牌官皮特·诺德斯特龙（Pete Nordstrom）说："价值观决定了我们是谁，价值观变了，我们也就变了。惯例是做事方式，它能够体现我们的价值观。从长期来看，惯例可能让我做得很好，但是惯例不是价值观，因此我们可以在不改变文化的情况下改变惯例。"

根据斯佩克特在其新书中的介绍，诺德斯特龙代表一种文化前景，这种前景基于九大不可动摇的价值观：信任、尊重、忠诚、意识、谦逊、沟通与协作、竞争与补偿、创新与适应以及回报与享受。

诺德斯特龙的经营与众不同，它很少制订正式培训计划。当被问及谁负责培训诺德斯特龙销售人员时，名誉退休总裁布鲁斯·诺德斯特龙（Bruce Nordstrom）表示："他们的父母。"或者他们的爷爷、奶奶、外公、外婆或监护人，也有可能是向他们灌输价值观的任何人。根据斯佩克特的观点，《诺德斯特龙经营之道》这本书可以总结为以下三大经营战略：

- 坚守文化价值观。
- 吸引持有相同文化价值观的人。
- 根据文化价值观培训员工。

基于这些价值观，诺德斯特龙形成了一种以创新和适应为核心的文化，从而立于不败之地。诺德斯特龙品牌的另一个核心要素是社区与环境。它有一个公开目标——让世界更美好。为了实现这个愿景，诺德斯特龙为所服务的众多人群和社区提供支持，尽力减少企业对环境的影响、保护资源、爱护环境。诺德斯特龙的使命、愿景和核心价值观非常明确。在这些原则的驱动下，企业打造基于客户服务、质量与价值以及社会与环境影响的品牌和业务。

在公司内部，这种方法与文化形成共振，在企业外部，又与忠诚的客户基础形成共振。诺德斯特龙是践行服务型品牌方法的典范：实现了品牌识别、员工忠诚度和客户体验的协调。

员工忠诚度

企业的目标是，吸引并留住与诺德斯特龙价值观相同并且能践行这些价值观的人，因为公司明白，只有这些人才能开开心心地为公司服务。布鲁斯·诺德斯特龙说过："我们可以招聘待人友好的人，然后教他们卖东西，但是我们不会招聘销售人员，然后教他们怎么友好待客"，说他们的原则是"招聘阳光般温暖的人，然后教给他们销售技巧。"店铺负责人杰米·诺德斯特龙（Jamie Nordstrom）告诉学员，他们应该"找一家价值观与自己相同的企业"。

　　不论在销售岗位还是后勤岗位，诺德斯特龙的每个员工都一心一意想着怎么让人感觉更舒服。诺德斯特龙的企业文化也注重打造这样一种环境，那就是让员工感觉在取悦客户过程中自己是被支持的，并且有权力这样做。公司鼓励员工在工作时就当店铺门头挂的是自己的名字，把自己想象成企业家，而诺德斯特龙则为自己提供店铺、商品和技术等工具，以便打造自己的商业王国。这样一来员工就可以按自己的想法做事情，只为了与客户建立长久关系，为客户长远的终身价值考虑，从而为其提供美好服务。员工有权做任何事情来取悦客户，而且任何情况下只有一个原则：确保员工可以灵活而自由地做出正确判断。

招聘

　　诺德斯特龙要招聘的人必须对服务充满热情，并且觉得为他人服务是一种荣耀。应聘者需要接受五六名经理主持的面试，届时会问及自己提供过或者体验到的最好的客户服务。通过这个问题，招聘过程就能体现客户服务在诺德斯特龙品牌识别中的核心地位。赋权战略很受"千禧一代"员工的欢迎，他们希望自己所在的企业与自己的价值观一致，并且能够提供明确的职业发展机会。要灌输这种赋能意识就要相信员工，使其可以发挥主观能动性来做该做的事。这种战略对这家零售商非常管用，因为它的"员工精神面貌非常好，而员工对企业的忠诚度都高于平均水平"，尤其是"千禧一代"。

诺德斯特龙不仅在工作场所鼓励员工运用"良好判断力"，还鼓励员工在社区喝咖啡、用餐、购买其他企业的产品或服务，以及在使用社交媒体时，利用一切机会联系有潜力成为诺德斯特龙员工的人。此举再次让"千禧一代"①感到企业对自己的信任，而且企业向其员工提供明确的学习和发展机会。事实证明，对于"千禧一代"员工而言，企业拥有一套非常吸引人的价值观和社区文化，而每个职业阶段都有明确的发展路径，这是非常诱人的。

企业还实施一项长期校园计划，根据该计划，在大学生刚刚开始考虑职业规划时，诺德斯特龙的管理人员就会与其取得联系。起初会实施一项实习计划，而强大的"内部晋升"文化则提供非常诱人的职业选择机会。

认同与奖励

企业非常重视认同，包括主管对员工的认可以及同行之间的认同。因此通过几种颇具创意的重要方式为工作努力并且取得成就的员工庆祝，以表示感谢。这种方法涵盖的对象很广泛，包括裁缝师等不经常抛头露面的幕后工作者。

企业经常召开认同会议，会上企业管理者会鼓励、认同并奖励销售业绩突出的员工，为销售团队打气，并且寻找店铺业绩增长的刺激点。会议有四大任务：表示真诚而具体的赞美；永争第一；始终追求新意；强调诺德斯特龙的企业目标。有时候选出表彰的优秀员工会在表彰大会现场看到自己的父母、配偶或孩子，这是管理层给他们的一个惊喜，此时的场面非常感人。企业还通过一项活动表彰之前的获奖员工，甚至包括前员工。

---

① 指出生于 20 世纪且 20 世纪时未成年，在跨入 21 世纪（即 2000 年）以后达到成年年龄的一代人。——编者注

由企业精英组成的"百万美元俱乐部"则认同表现极其突出的员工,这个俱乐部的成员都是企业业绩最好的员工,他们每个人为企业带来的销售额都超过 100 万美元。通过各种安排,员工感觉好像拥有自己非常在乎的东西,而不是作为抽象的大机器上的一个零件。

诺德斯特龙的员工挽留战略主要是尽可能提供最高的工资和最好的员工福利。企业最大的特点是,员工福利虽然都不大,但是非常特别,因此比竞争对手占优势。福利包括医疗保险(例如牙科医生和眼科医生)、员工利润分红、退休储蓄计划的配套公积金、带薪休假(每年 4—5 周)、带薪产假、通勤福利、法律诉讼援助,以及 7 天 24 小时匿名自杀求助热线。

员工还能优先享受诺德斯特龙所有商品的专属折扣,再加 20% 的折扣。全明星员工和主管则能享受 33% 的折扣,全明星员工是最高荣誉,颁发给那些同时为其客户和团队成员提供额外协助和支持的员工。另外,诺德斯特龙每年会就其所有产品向全体员工提供一次 40% 的折扣,员工还有权优先购买尚未上线的新品。然而对全体员工而言,最大的福利可能是诺德斯特龙给他们的工资是业内最高的。

职业发展

在其他方面,企业还采取了更传统、更有针对性的单通道职业路径,但企业整体上已经形成了更加个性化的职业发展计划,这些计划能很好地匹配员工的能力和兴趣。为了应对不断变化的客户人口特征,企业还注重招聘那些能够适应各种变化的员工。员工在不同团队和地区担任轮岗,经过一段时间以后,他们的知识面更广、经验更丰富,这尤其有利于开展更大的项目。

典型的职业发展路径是,从实习员工或销售人员起步,再是经理助理,然后是部门主管,最后是地区零售买手。到了这个职位,员工通常可以选择进入采购板块负责采购，也可以选择下沉到店里来管理店铺，如果选择后者，则有可能成为莱克（Rack）折扣店的店长。从此员工可选的职业发展机会就比较多，发展路径的限制则比较少，企业更加注重员工自己的意愿和特长。

业绩管理

凭借人性化关怀方法，业务表现被作为重中之重。衡量员工业绩的首要标准是其销售成绩，然后是客户服务和团队协作。员工之间开展竞争，从而带动业绩提升，例如记录每人每小时的销售额，顶级销售的年收入可达20万美元。对于表现不是很好的员工，一开始会为其提供帮助，对其进行培训，随后会调到非销售岗位，如果在新岗位上还是无法达到标准，则会被解聘。

客户体验

诺德斯特龙的客户服务是业内传奇，具体事例比比皆是，网上可以搜索：提供真空吸尘器的袋子；归还客户丢失的珠宝；开车把客户落下的包送到机场，并且赶在客户登机前送到客户手中；向客户出售一只鞋，以及帮助客户把客户在其他店铺购买的东西搬到车上。诺德斯特龙最著名的客户服务事例是，有个人买了一对轮胎，然后去诺德斯特龙退货，问题是这对轮胎是在另外一家店买的，而这家店正好就是诺德斯特龙现在所在的位置，了解情况以后，诺德斯特龙的店长竟然决定接受了这个客户的退货。

所有这些事例都充分证明，就像我们之前所言，诺德斯特龙给员工充分授权，员工可以自主做出决定，而不必花费大量时间获得请示上级，请示过程也是要消耗成本的。企业还鼓励员工建立并使用自己的客户清单，如果企业有特殊活动和促销活动，员工可以通过邮件或电子邮件告诉客户，并且向新客户发送亲笔感谢信。

企业通过相当简单的流程支持员工这种真正以客户为中心的行为，例如销售人员积极处理退货，这样一来让销售人员在客户眼中成了"英雄"。在诺德斯特龙店铺内，工作人员会问客户："您有多少时间？"Rack 折扣店采用流水化过程，包括客户签字、扫描收据和取货，至于客户的退货理由，则从不过问。之所以采用这种无条件退货流程，是因为企业深知，对于客户而言省时省力是最重要的，和大多数零售商的客户体验相比，这形成了明显的心理差异。企业还会跟踪客户的退货记录，以确定那些有时候不诚实的客户。诺德斯特龙还有 2 个例子，虽然都是小事，但是很典型：一个是，店铺门口有一个客户服务台，客户可以在这里放东西或者拿东西；另一个是，店里安排有管理员，他们会走到客户面前，将包裹递到客户手中，而不是隔着柜台，这会让客户体验更有人情味。

企业有一个基本理念，在其他企业那里消费者是统计数据，但是在诺德斯特龙眼里消费者是人，是一个个独立的个体。诺德斯特龙鼓励员工与客户建立高度信赖的关系，从而确保客户忠诚度。随着与客户关系的加深，就进入了销售阶段。

面对公众对诺德斯特龙客户服务水平的赞赏，诺德斯特龙的态度值得一提。企业很少表示其如何注重取悦客户，反而说企业还有很多地方需要学习。企业员工"每天都拼尽全力工作"，而不是给人一种尝试获得客户服务专业知识的感觉，这实在令人眼前一亮。

充分协调

另外尽管这些例子基本都与店铺环境有关，但有一点需要强调，诺德斯特龙始终努力提高客户服务质量，以求为客户带来非常美好的体验，但是这个目标没有提及购物。其实，位于高档购物中心的这些装修豪华、存货充足、种类齐全、价格稳定的店铺带来的销售额只占诺德斯特龙年销售额的38%，对此你可能觉得很奇怪。其余销售额来自诺德斯特龙 Direct（在线商品目录）和诺德斯特龙 Rack 折扣店。这家企业坚持实施提高客户服务质量的战略，并且不局限于提升其传统购物店铺的服务质量。

诺德斯特龙表示企业不迷信渠道，也没有渠道战略，但是企业实施客户战略。他们认为客户在董事会会议室里拥有看不见的一席，因此他们始终努力为客户提供方便，而不是仅为了自己。这是一个新的全渠道时代，诺德斯特龙正在重构实体店的角色，实体店如今已经实现了数字化，成为线上渠道的补充。

企业正在寻求将实体店感官体验和网店的个性化与方便相融合，不断提升客户体验，从而进一步吸引客户并满足其需求。

如果在拼趣（Pinterest）和照片墙（Instagram）上看上一件商品，客户只需在手机应用程序上点击几下就可以将它买回家。顾客在逛诺德斯特龙实体店时会发现 Pinterest 上的爆品展示在最显眼的位置，有时候会贴上一个很别致的 Pinterest 标签。实体店的付款流程和网店是一样的：诺德斯特龙的技术支持客户异地付款，因此无须排队，也无须在网站上注册。企业还采用一种脚部尺寸三维扫描技术，该技术可以为顾客匹配最合适的鞋子，他们无须一双又一双地试穿。

除了实体店外，导购也会通过一款员工应用程序与客户联系，这款程序的特色是风格展示板，通过这个展示板，个人专属设计师会根据客户最近购买的商品向其发送购物建议。在技术的支持下，顾客喜欢的销售人员会向其提供最新消息。员工还可以访问数字化店铺的陈列品，了解整个连锁店的产品信息和存货，从而为顾客提供正确引导。企业还与易贝（eBay）合作测试一个"未来试衣间"项目，该项目将一面全身镜转变成了一个互动屏幕，可以用于搜索其他商品、查看产品评价或者呼叫导购。所有这些数字化转型实现了诺德斯特龙的重新定位，使其对年轻顾客产生吸引力，并且在其成长和积聚财富过程中与其维持关系。

吉威·托马斯（Geevy Thomas）35年前进入销售领域，长期以来担任诺德斯特龙Rack的总经理。托马斯是执行团队的一员，负责以最先进的技术带领企业实现转型，从而提高零售的地位，使购物更欢乐，更多参与互联网社交。

相较于竞争对手，诺德斯特龙的自助理念更先进，它采用自助退货箱，客户可以把要退的商品放在里面，包括网购商品，一旦放入，货款会马上退回客户账户。诺德斯特龙还通过其应用程序提供"扫描购物"服务，客户可以给物品拍照，将照片上传到这个应用程序，然后在网上寻找类似商品。诺德斯特龙提供与网店无缝衔接的方便而快捷的退货服务，这又给了客户一个选择在诺德斯特龙店铺购物的理由。

除了以科技为支撑提供服务外，诺德斯特龙还不断尝试新的零售理念，以便更好地服务客户。诺德斯特龙本地（Local）店铺里并没有新商品，因为它属于服务中心。这些店铺提供现场订制服务、处理在线购物和退货，甚至还提供座椅供顾客休息、喝饮料或办公。通过将服务与含蓄但有效的品牌意识巧妙结合，诺德斯特龙Local店铺成了体验零售的典范。弹窗则是另一个特色，例如在高速增长的二手服装销售版块，弹窗内容是"明天见"。诺德斯特龙创意项目副总监奥利维亚·金（Olivia Kim）表示："我们希望客户不仅对其所买的东西感到满意，而且希望他们享受这种购物方式。"

系统与过程

本章"客户体验"一节已经介绍了一些例子，它们表明，为了向客户提供最好的服务，诺德斯特龙积极采用新技术。其实诺德斯特龙将大约 30% 的资本开支专门用于开发其互联网基础设施。而关键在于，无论推动哪种技术进步，其目标永远是为客户着想，而不是别的什么原因。

诺德斯特龙的系统与过程被用于支持销售人员和客户。例如为了更好地满足地区偏好，企业成立了采购团队并利用企业在全国的规模优势和专业技术。凭借长期库存管理系统，在销售期间，销售人员可以在任何地方为客户查询商品。

诺德斯特龙甚至从提供优质客户体验的角度看待其供应链。企业最近着手建立一个系统，它能够随着客户需求的变化而演变，而且有助于客户基于自己的具体情况与品牌沟通。俗话说，萝卜白菜各有所爱，供应链也需要适应每个客户的个性化需求。这一方法会带来 3 种好处，即灵活性、节约空间、简化运营。本着这三大目标，诺德斯特龙新的供应链利用其现有实体空间以及机器人和自动化等新技术向客户快速交付产品。无论是在店铺购物、浏览并选择心仪的商品，还是将商品运回家，有了可定制供应链，诺德斯特龙如今能向其客户提供非常贴心的服务。这个典型例子表明，如果将供应链看作系统与过程的一个重要方面，就能提升客户体验。

沟通也是一个关键因素，诺德斯特龙采用参与式管理。在企业内部，员工和主管可以自由沟通，高级领导层向销售团队征求建议则是一种惯例。这种风格是诺德斯特龙家族定下的，他们会时不时讨论客户服务问题。诺德斯特龙的店长基本上担任酒店总经理这样的角色，他们负责具体的商品门类和店铺运营，但是整个企业的决策则由各个委员会做出，并且需要取得诺德斯特龙整个家族成员的一致同意。企业还采用晨会制度，在 15 分钟的会上，团队成员会讨论前一天和第二天的所有事务、所有的客户到访情况、客户服务反馈（包括积极反馈和消极反馈）以及诺德斯特龙的大事件。

衡量与洞察

衡量与洞察的重点仍然是客户。

企业获得反馈的一个主要来源依然是客户和销售人员。整个企业非常主动地接收客户反馈，不管收到的是好评还是投诉。与此同时，诺德斯特龙避免陷入"数据处理"的陷阱，始终牢记：反馈是人提供的。收到反馈以后，企业会向客户做出答复，答复信息被转给服务交付团队，由他们负责肯定工作成果并解决问题。企业通常会征求销售人员的意见，而且开展正式的市场研究，例如邀请客户，并询问其对企业新想法的见解。不管怎么说，也不管怎么做，所有这一些努力都源于一个坚定的信念——销售是第一要义。

诺德斯特龙对数据的创新利用使其能够了解客户，从而提供个性化体验。每个网络客户都有一个画像，包括其风格偏好和购买记录。这个信息被用于向客户推荐产品，并且在客户喜欢的新品牌上架后通知客户。此外，在诺德斯特龙看来，数据本身还是一种支持工具，根据销售人员而非打印资料来决定存货量，因为他们身在一线，所以最了解情况。

5 年来诺德斯特龙转变了用数据带动业务增长的方式。一开始企业发现营销开支超出了销售额，但是获客率却在下降。衡量与洞察的重点是客户，以确定真正的工作核心。

在此之前，渠道和商业活动是相互独立的。市场营销和分析团队包括研究、展示、社交与电子邮件这几个部门，并且单独研究品牌组合中的每个业态，即诺德斯特龙 Rack、诺德斯特龙网站（Nordstrom.com）以及实体店，因此没有充分认识到回归业务本身的重要性。为此企业围绕客户画像重组了内部团队。站在最高层看，不管来自哪个渠道或业态，业务目标是吸引新客户的同时培育现有客户。各个渠道团队被代之以两大市场营销团队——获客团队和留客团队。前者负责基于对未来趋势的预测决定可赢利的投资，并且负责确定如何才能接触新一代客户群体，后者则负责提升体验和销售额，从而提高现有客户的终身价值。例如，诺德斯特龙 Rack 的客户现在可以看到非折扣价渠道的销售促销，例如年度促销。

另一个改变是衡量市场营销效果的方式。在此之前通过广告开支的末次点击回报来衡量，但是企业发现如今市场营销实在是太复杂了，不能依赖单一的衡量方案。如今则专注于四大信号：媒体综合模型、多触点归因、末次点击以及试验。这样就能从整体上了解客户，从而有助于了解增量市场营销的作用。

相关专家团队随后可以根据所获取的信息来决定：根据确定的业务目标，该采取哪些行动来带动业务增长。这个任务很重，因为诺德斯特龙可能有几千万客户和潜在客户，因此除了明显可见的访问数据和花费数据以外，客户终身价值的驱动因素可能还有很多，例如向客户介绍新品类或者新品牌、鼓励客户尝试"在线购物 + 实体店取货"功能、使用设计师、加入客户忠诚俱乐部，或者下载应用程序。评估这些潜在行为具有非凡意义，并且有助于带动市场营销活动，计算对市场营销活动合适的投资水平。

围绕客户调整了组织结构以后，思维模式发生了转变，以前是广告开支的末次点击回报，现在是一种增量市场营销。因此如今的开支与销售额相匹配，效率得到提升，获客率也提高了。

员工敬业度

诺德斯特龙连续 23 年被《财富》(*Fortune*) 杂志评为"百佳雇主"。被《福布斯》(*Forbes*) 杂志评为"最佳多元化雇主"，并且被认定为"最佳工作场所"。自 2011 年起，诺德斯特龙的员工经常参与由工作满意度网站职业幸福（CareerBliss）开展的"美国最幸福公司"年度调查。

系统与过程

企业通过店长的观察和监督来衡量并洞察其系统与过程，最终衡量并洞察客户体验。对于数字化，在整体数字化智商排名中，诺德斯特龙被评为四大高智商零售类品牌之一，评价维度包括：网站和电子商务技巧、数字化市场营销、社交媒体以及手机战略。

服务型品牌方法的主要观点

● 服务型品牌方法的教科书级应用。客户体验是终极目标，而品牌本身则通过品牌代言人得以传播，而这三大要素由系统与过程以及衡量与洞察提供支持。

● 面对不断变化的客户品位和人口学特征，诺德斯特龙调整客户体验交付方式并长期坚守最终目标和价值观的方式。

● 尽管企业因一流客户服务水平而备受赞誉，但是始终践行其创始人约翰·威廉·诺德斯特龙（Johan Wilhelm Nordstrom）的行为准则，那就是：保持谦逊、"每天拼命工作"。

第四部分 | 落实

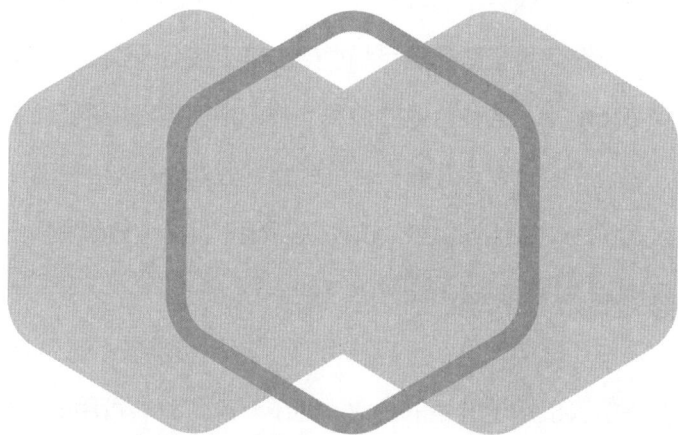

本书第四部分和第五部分将说明，在价值观经济时代，为什么服务型品牌方法能发挥作用，并且强调在实施服务型品牌方法过程中需要注意的几个问题。这一部分非常关键，因为在本书中，我们都在强调采用服务型品牌方法，以及针对读者的具体情况采用服务型品牌框架形成有效解决方案的重要性，而不是把服务型品牌方法当作一个现成的工具。

本书第一部分（基础）整体介绍了企业价值观，并且说明了促使企业价值观变得如此重要的环境，介绍了我们称之为价值观经济的新范式、服务型品牌方法以及企业协调的概念；第二部分（框架）详细解释了服务型品牌框架；第三部分（实践）从服务型品牌角度观察了各种企业的情况。我们相信这很有意思，也很有用，因为它能让读者了解一种强大且经过实践检验的框架，读者可以在实践中采用该框架，文中还介绍了几个生动案例，读者可以直接采纳或对其进行调整后采纳。

但是由于这些案例各有其独特的环境和特殊情况，因此这个框架并不能直接用于读者的企业。对于一家企业很管用的东西，到了另一家企业那里可能就不是最佳选择，正因如此，采用"最佳惯例"的结果通常令人很失望，有时候甚至会彻底失败。要发挥最大作用，读者就要根据自己企业的具体情况谨慎选择服务型品牌方法。读者需要考虑，该如何将本书中的所学很好地用于实践以及如何让自己企业各个部门的人参与其中，然后通过这个框架为自己企业量身定制一套合适的计划。

这一部分的视角是，领导者和企业发现自己目前以及未来所处的系统和环境。在第十七章中，介绍我们认为将对大多数企业造成影响的几个关键话题，这种影响与企业的规模、行业或地区无关，其中有些话题是商业见解文章的普遍"标题"，有些的关注度则较低。我们精心挑选了几个话题，我们觉得在21世纪，这几个话题在企业环境中已经非常重要，而且随着我们称之为价值观经济这一新范式的出现，这几个话题变得越来越重要。这几个话题是第四次工业革命、包容性、可持续性以及治理。由于我们无意于深入探讨这几个话题，因此我们提供了一些补充资料，如果读者希望了解更多，可以看一下。在第十八章中，我们进一步探讨了工作场所这个话题，并且说明，作为建立服务型品牌的一部分，为什么需要比以往更加注重工作场所。读者在制订计划时需要考虑，在服务型品牌方法的五大要素中，这些话题将会对读者的企业造成什么样的影响。在第二十章我们会站在各层面和实用角度帮助读者总结思路。

我们希望，通过站在服务型品牌角度，读者可以深入了解服务型品牌方法是如何起作用的，并且从可靠、务实、可操作视角了解服务型品牌方法为什么会起作用。我们还鼓励读者思考，为什么服务型品牌框架有可能对自己的企业起作用，以及如何根据自己企业的具体情况用好这个框架，这可能需要读者站在职能部门的角度，或者以整个企业的更大视角来思考。我们是服务型品牌方法的主要实践者，因此我们希望本书能帮助人们采取行动以改变现状，从而提升其企业的品牌识别、员工敬业度和客户体验，这样的读者越多我们就越欣慰。不管怎么说，这是读者最大限度利用其在本书中所学的最佳方式。话说回来，如果读者完整读完本书，甚至还读了我们写的其他书，却没有采取任何行动，那么他花费精力读这些书的意义又在哪里？如果读者能够从眼前的小事做起，立即采取行动，或者设计一套完整的服务措施，那就最好不过了，具体怎么做都在自己。请记住，在切实采用服务型品牌方法之前，读者不一定非要深入了解本书第四部分的任何话题，或者了解所有话题。

环境

第十七章
背景

我们在本章的视角是，领导者和企业发现其目前和未来所处的更大的系统和图景。我们介绍了 4 个不同话题，我们认为不论所处行业、企业规模或所在地区如何，这几个话题对大多数企业实施服务型品牌方法具有重要影响，而且这种影响会越来越重要。目的是激发读者思考：在读者制订计划过程中，这几个话题将会对读者企业的服务型品牌方法中的五大要素产生哪些影响。我们无意深入探讨这几个话题，所以提供了更多资源，感兴趣的读者可以看一看。

第四次工业革命

"在此之前，前景从未如此光明，潜在危险也从未如此之大。"

——克劳斯·施瓦布（Klaus Schwab，德国经济学家）

日内瓦世界经济论坛创始人兼执行主席克劳斯·施瓦布于 2016 年出版了《第四次工业革命》（*The Fourth Industrial Revolution*），此书首次使用当年达沃斯论坛上的一个新词——第四次工业革命。施瓦布认为一场技术革命正在进行，"它正在模糊着物理学、数字化学科和生物学的边界"。

"第四次工业革命"指人工智能、机器阅读、无人驾驶汽车和物联网等技术正在与人类的物质生活相融合。语音助手、人脸识别、数字医疗传感器就是例子。

埃森哲（Accenture）曾经确定了企业取得成功的四大阶段。第一个阶段是，企业确信人工智能的力量能改变企业产品和业务的未来，并且能够为企业带来主要利益相关者；在埃森哲的调查对象中，近70%的人坚信人工智能的力量。到了第二个阶段——预想（即将坚信转变为商业上可行的愿景），只有16%的被调查对象能够完成。在第三个阶段（即不断通过高级管理层和资源拥抱人工智能），则只有5%的被调查对象能做到。在第四阶段（执行），只有2%的被调查对象的规模足够大，使其能从经过数字化转型后的产品中获得市场价值。

"如今90%的数据都是在过去2年产生的。"

——IBM市场营销云

一个最大的挑战是采集和使用数据所涉及的敏感性。根据埃森哲的调查，83%的被调查对象认为信任是数字化经济时代的基石。为了维持客户忠诚度，除了在实体店或网店提供出色的销售和服务外，企业需要做的还有很多。企业需要证明自己始终把客户利益放在心中第一位。正因如此，在实践中形成共同价值观的意识将会变得至关重要。

在充满竞争的环境中，企业需要投资于技术基础设施和知识能力的建设，并且投资于风险的防范。在当今社会，技能组合越来越成为临时商品，因此形成合适的领导技巧以及教育培训系统会产生深远影响。我们还可以看到，具有固定结构的传统企业正在向企业生态系统转型，即参与交付特定产品或服务的企业网络。如今超乎意料的联盟正在形成，行业边界变模糊，长期优势的影响则在下降。在这种环境中，服务型品牌方法能够带来重要价值，因为不管各种利益相关者怎样，核心未变：在有效而可靠的系统与过程以及衡量与洞察的支持下，通过品牌代言人团队提供与品牌相一致的客户体验。这个框架有助于应对技术进步，确保将技术进步当作支持工具，而不是任其自行发展，以至于失控。在第十六章我们列举了诺德斯特龙积极采用技术提升业务的一些例子。另外由于服务型品牌方法具有充分的可扩展性，因此对全球企业联盟和单个企业都管用，而且这个框架足够灵活，能够根据新情况和环境而不断演变。

在读者实施服务型品牌方法的过程中，第四次工业革命将会产生什么样的影响？对五大要素中的每个要素又将产生什么样的影响？第四次工业革命带来了哪些机遇？读者将会面临哪些挑战？需要克服哪些障碍？

包容性

"能带来优势的是差异性，而非相似性。"

——斯蒂芬·科维（Stephen Covey，知名商业作家）

克劳斯·施瓦布认为"要把人放在第一位，要赋予他们权力，要不断提醒自己：所有这些新技术首先属于工具，是一群人做给其他人的。"这就引出了我们在商业版图中要谈的第二个主要话题。研究表明克劳斯·施瓦布的这个观点是正确的，并且表明，包容性决策和业务表现的提升之间有直接联系：

- 包容性团队做出更佳商业决策的概率为87%。
- 采用包容性过程的团队，其决策速度会翻一倍，开会次数则会减半。
- 多元化团队制定并执行的决策，其效果超出其他决策效果的60%。

多元化比较强的企业更能吸引一流人才，能提高其客户导向和员工满意度，并且能改善决策。随着对分析思维能力、创新能力、主动学习能力、创造力、协作能力以及解决复杂问题能力的需求越来越多，这一点以后可能会更重要；与此同时，常规技能和能够轻松重复的工作则会被自动化所淘汰。有的企业能够不断提高多元化和包容性，有的企业则始终觉得实现多元化和包容性充满挑战，公布结果显示这样的企业占大多数。

在这里我们使用"包容性"而不是"多元化"，因为我们认为，只是把各种不同的人聚集在一起还不够，多元性和包容性并非近义词，要取得成功就必须把这二者结合起来。这意味着尽管企业经过努力可以招聘到背景各异且级别不同的人才，除非这些人拥有发言权，否则将毫无意义。

需要注意的是，自从 1987 年的《2000 年劳动力》（*Workforce* 2000）一书首次提出"多元化和包容性运动"以来，这项运动至今仍然处于起步阶段。接下来我们将用一些大写字母缩写代表各种少数群体，读者不必过分关注其含义。性别平等、代表权等的多元化已经得到极大促进。为了在工作场所开展种族对话，大部分人力资源、多元化和包容性领导者在苦苦挣扎，而且已经变得麻木了。他们之中有的人不知道从哪里着手，有的人则无法使自己的领导认识到多元化和包容性的重要性。社会对年龄、残疾、社会阶层等的多元化和包容性的关注度比较低，并且随着知识水平的提升、理解的加深和意识的加强，也才刚刚认识到神经多元性一类的问题。回到我们之前讨论的话题，第四次工业革命的成果可以作为一笔宝贵资产，来帮助企业采集并管理这些多元化群体的数据，并且管理有关过程。

"在多元化中实现团结的能力将是对人类文明最好的考验。"

——莫罕达斯·甘地

　　我们发现目前的招聘有一种倾向：多元化和包容性措施是独立或者被孤立的，因此无法体现企业的目标、价值观和经营重点。采用服务型品牌方法有助于将任何策略与企业促进品牌识别、提高员工忠诚度以及改进客户体验的方法相结合，而且具有针对性，适合地区部门或者企业内部的组织。如此一来，多元化和包容性不再是"附加于业务"的单独措施，而是融入了企业运作。高级领导者因此可以更轻松地加大整个企业对多元化和包容性的投入，提供足够的资源，并且将责任落实到人。而且这种协调会促成一种与不同利益相关者群体产生共鸣的、更务实的重要方法，促进持续改变，从而有可能实现前文引言中莫罕达斯·甘地的希望。

　　通过鼓励客户、员工、服务合作伙伴和当地社区等各利益相关者群体形成一种更广泛的视角，服务型品牌方法还有助于充分认识多元化和包容性的好处，从而突破传统的经营业绩标准，思考如何给个人、企业以及社会带来更大的福祉。而且我们坚信，这种全局性方法有利于企业经营。在第三部分（实践）中，我们介绍了几个极其成功的员工敬业度提升活动，因此读者需要思考：对于各种少数群体，如何才能最大限度地发挥这些活动的作用。有些企业开展培训并且提升员工对无意识偏见的认识，但这通常是单独措施，与其他业务活动之间是割裂的，因此效果有限。我们还发现，有的企业的出发点是好的，但是却产生了不好的结果。例如，设立少数群体兴趣小组或者采取措施，有可能会导致更大的区别和孤立。对这些群体越包容，就越能促进人们相互之间的关心和理解。采用以目标和价值观引导的服务型品牌方法可能会非常有效，因为这有助于找到不同群体之间的共同点，而不是突出差异。此举的关键在于从一开始就要明白，最终目标是促进多元化和包容，而不是仅将服务型品牌方法作为一个专门的支持网络。

　　国民西敏寺银行（NatWest）想要成为第一大商业银行，它的非裔、亚裔等企业家孵化器和商场女性计划属于该目标的一部分，这两项计划切实推动了多样性和包容性。促进多元化对很多企业来说不过是一个空洞的口号，但是国民西敏寺银行却在实实在在地采取行动。

最后要说的是，我们需要进一步关注并研究交叉性这一理念主张，我们都有多重身份。专注于孤立状态下单个受保护特征的研究并不考虑单一差异，我们认为目前采用的研究方法太简单了，而这个领域则相当复杂，好在我们已经具备数据采集和分析能力来应对这种复杂性。毕竟只有当企业的各种变量能够充分代表这个社会时，人们才会觉得它是本真的。

多元化话题对你实施服务型品牌方法有什么影响？对服务型品牌方法五大要素中的每个要素又有什么影响？它带来了哪些机遇？你将面临哪些挑战？需要克服哪些障碍？

可持续性

"可持续的企业能够充分利用资源、保护环境，并且造福社会。"

——菲尔·哈丁（Phil Harding，新西兰校长联合会总裁）

"可持续性"一词通常用于指可再生燃料资源、减少碳排放、保护环境，以及使地球上脆弱的生态系统维持平衡。服务型品牌关注企业可持续性，但是所有企业的可持续性最终取决于我们这个星球的可持续性，因此我们全心全意地支持促进可持续性，促进可持续性是亟须开展的工作。

目前并没有一个统一的、关于可持续性的定义。对于什么是可持续性以及如何实现可持续性，目前存在很多不同观点。可持续性这一理念源于可持续发展这个概念，在1992年里约热内卢召开的首届地球高峰会议上，可持续发展首次成为通用语言。根据1987年的布伦特兰报告，可持续发展最初的定义通常被认为是："能够满足当代人的需求，同时不损害后代人满足其需求的能力。"从此以后这个基本定义就发生了很多变化，并且得到了很多扩展。企业可持续性因此可以被描述为全面管理并融合企业的经济、社会和环境因素，以满足目前需求的同时不损害未来业绩。企业可持续性的目标是，为所有的利益相关者创造长期价值，这些利益相关者包括投资者、客户、员工、服务合作伙伴企业、当地社区等，有些人认为地球也是一个利益相关者。

随着可持续性越来越被提上政治日程，投资者和评级机构越来越关注企业的环境、社会和治理（ESG）风险。社会风险通常是对企业经营所在社区的影响，例如通过健康与安全、工作环境或经济机遇。作为一个指数，2020年4月，与 ESG 有关的新闻几乎比 2019 年 11 月的新闻数量翻了一番。根据预测，到 2021 年，投资者将花费 10 亿美元用于跟踪 ESG 数据，年增长率达20%。黑石董事长兼首席执行官拉里·芬克（Larry Fink）承诺将把可持续性作为针对该企业管理的近 7 万亿美元资产进行投资的新标准，并且介绍了用于促进可持续性的几种务实办法。2020 年 6 月，谷歌与世界自然基金会宣布了其环保数据平台的详细信息，这是一项联合项目，用于应对时尚行业供应链的有害排放和废弃物问题。有了这个平台，时尚品牌可以对原材料进行溯源，跟踪其可持续性，从而进一步实现时尚品牌供应链环境影响的透明化。

三重底线理论对传统核算框架进行了扩展，纳入了两种表现：即企业对社会的影响以及企业对环境的影响。三重底线通常被称为 3P：即人（people）、地球（planet）和利润（profit）。B 企业是指这样的企业，它们重视企业经济回报，也同样重视其对社会和环境的影响。根据一组社会和环境标准，非营利机构 B Lab 为企业提供共益企业认证（即 B 企业认证），认证对象是评分至少达到最低分数的营利组织。美国的共益企业认证始于 2007年，本杰瑞（Ben & Jerry's）和巴塔哥尼亚（Patagonia）等品牌已经获得该项认证。截至目前全球有来自 70 个国家、150 个行业的 3000 多家企业已经获得共益企业认证，7 万多家企业采用 B 影响评估。B Lab 则被《快公司》（*Fast*

Company）杂志评为"2020 年度全球最具创新力公司"，在非营利行业名单中排名第五。由于英国的共益企业发起于 2015 年，会员年增长率为 14%（全国经济增长率仅为 0.5%）。

我们认为，这一运动和共益企业认证之所以开展得如火如荼，是因为它正在与所有利益相关者建立一种共同价值观意识，尤其是客户和员工。在第一章中我们说过，越来越多的研究表明，财务表现和价值观驱动型企业之间存在密切联系。

"事实证明，文化的支配地位和凝聚力是所有优秀企业的本质特征。"

——汤姆·彼得斯（Tom Peters，美国商业作家）和罗伯特·沃特曼（Robert Waterman，斯坦福大学企业管理学院兼职教授）

关键在于，价值观必须关注如何增加价值。我们说"价值观是用来践行的，不是用来展示的"，因为在很多企业的价值观往往只是停留在口头上（而且企业的价值观大都千篇一律），并没有化为行动或者"办事方式"。在第二章中我们提到，最近的一项研究表明，企业公开宣传的文化价值观，与员工眼中企业对这些价值观的践行程度之间毫无关系。服务型品牌框架有助于从以下几个层面实现这一目标：

● 品牌识别要素用于确定企业的目标和价值观。
● 这些目标和价值观会指明员工敬业度和客户体验要素的相关活动。
● 谨慎设计系统与过程要素，为前 3 个要素提供支持。
● 衡量与洞察要素有助于确定一系列系统性标准，用于监督、评估和指导企业的实施工作。

服务型品牌方法可通过上述流程长期实现可持续业绩。一个典型的例子是，汉伯瑞曼诺是英国万豪集团旗下唯一连续 3 次实现平衡计分卡达标的酒店。

可持续性话题对你实施服务型品牌方法有何影响？对服务型品牌方法五大要素中的每个要素又有何影响？它带来了哪些机遇？你将会面临哪些挑战？需要克服哪些障碍？

治理

"企业需要高质量的企业治理，而不是凡事都管，以此保证企业正常运作。"

——默文·金恩（Mervyn King，哈佛大学经济学家）

治理包括政策、系统与结构以及促使企业领导层采取行动的战略经营框架，以便领导者做出有效而可靠的决策。根据界定企业治理的一个通用模式，企业治理包括四大支柱：董事会、管理层、内部审计师和外部审计师。企业治理是当今董事会实践中最重要的一个方面。

要深入了解治理的重要性，可以想想由美国商业圆桌会（Business Roundtable，简称 BRT）发起的一个特殊项目。这个非营利协会拥有 181 名会员，他们都是美国大企业的首席执行官，例如亚马逊、通用、摩根大通和沃尔玛。2019 年 8 月，商业圆桌会的会员承诺："要带领其企业造福所有利益相关者。"

这个声明的内容很简单，以至于人们很容易忽略它将产生的深远影响。通过这一声明，这些首席执行官承认其企业对所有利益相关者的影响，这包括客户、员工、服务合作伙伴、社区和投资者 / 股东，并且将企业为这些利益相关者提供价值与企业、社区和国家的成功联系起来。他们承诺将为客户提供价值、投资于员工、与供应商开展公平而符合道德准则的交易，并且为企业所在社区提供支持。这是一个重大转变，在此之前是以利润和股东为核心的经营方式，有的企业甚至会占客户的便宜，在尽可能压低员工工资的同时加大工作量，强迫供应商在降价的同时提高质量，并且开采、大量消耗和使用社区和环境资源。

> "企业并非孤立的存在，企业的经营需要获得社会认同。"
>
> ——彼得·蒙塔尼翁（Peter Montagnon，英国记者）

强生在 1943 年写下的信条、巴塔哥尼亚的长期使命以及联合利华的保罗·波尔曼（Paul Polman）和宝洁的吉姆·斯登格尔（Jim Stengel）的言论都表达过类似承诺，所以这种思维可能早已有之，但可以肯定这是商业领袖们头一回做出这种公开承诺，所以它本身就是一种巨大进步。要彻底履行这一承诺就要重新评估企业的基本性质，我们认为，如果继续维持现状这个目标就无法实现。商业圆桌会会员的这项承诺是否会成为一道分水岭？商界从此以后是否会肯定善良并且立志行善？这个激荡而消耗巨大的全球经济中，激烈的商战是否太强大，以至于无法摆脱？历史会证明一切。

我们分享过普华永道针对 1400 名首席执行官开展的调查，这项调查结果表明，全球大部分企业都支持这种思维方式，实践这一思维的关键在于有效治理。

> "首席执行官们认为，企业要能满足更广大利益相关者的需求，这样客户才想与其建立关系。"
>
> ——普华永道首席执行官调查

在第一章我们强调，财务报告委员会（FRC）已经被一个新的监管主体取代——审计、报告与治理部门，这个部门的权力更大，并且要求以"强大"的管理层来"转变审计行业的文化"。这一新准则不仅会为数千家英国最优秀的上市企业定下基调，而且会很快成为整合企业界的最佳惯例。这一准则将为今后的企业管理方式带来翻天覆地的变化。从此以后企业再也不能只把价值观挂在嘴上。审计师将有义务审查，并公布这些上市企业的政策、惯例和行为是否符合它们的价值观，如果不符合，则要说明企业正在采取哪些整改措施。企业再也不能以方框打钩题来做样子，因此有机会把文化和价值观话题作为企业治理真正的核心。机会就在眼前，现在的问题是如何把理论化作行动。

在本章我们提到企业、社会和治理（ESG）风险的关注度越来越高。2020 年 8 月底，企业、社会和治理战略的现金流入已经达到了 865 亿美元。在 2020 年市场低迷期间，企业、社会和治理基金跑赢了传统基金，这表明可持续战略有能力带来可观的回报。以穆迪投资者服务公司（Moody's Investors Service）为例，该企业为投资者提供信用评级，对于劳埃德银行（Lloyds Banking Group）的促进更多非裔员工担任高层的计划，它给的信用评级为"+"，这是评级机构首次明确地将一家企业的稳定性与种族多元化措施联系起来。与此同时，众多企业、社会和治理基金的成功是否仅来自技术加持？对此仍然存在一些疑问。

最后想说的是，由于我们身处动荡环境，治理面临的一个主要挑战是：如何让所有框架都适合用于实现企业目标？对于单个企业、单个行业（从金融服务到慈善事业）、政府以及流媒体平台，人们想知道它们究竟分别需要怎样的治理水平？问题在于如何加强治理并提高可靠性，如何处理不道德行为以及如何培养社会对企业和金融机构的信任感。

服务型品牌框架能够提供一个"全企业"视角以及以下几个基本原则，因此能够为治理方法提供支持：

- 企业的目标和价值观影响企业的一切事务。
- 最终能够专注于提供美好客户体验。
- 代表企业的所有人共同努力，作为品牌代言人团队，这些人包括直接招聘的员工和外包服务合作伙伴的员工。
- 系统与过程要素中的所有活动只有一个目标：为品牌识别、员工敬业度和客户体验要素提供支持。
- 衡量与洞察要素有助于落实合适的反馈和衡量过程以及沟通、汇报和整改行动。

对于品牌识别、员工敬业度、客户体验以及系统与过程方面的表现，服务型品牌方法中的衡量与洞察要素能够形成一个明确认识，从而在实现正确治理过程中发挥关键作用。

治理话题对你实施服务型品牌方法有何影响？对服务型品牌方法五大要素中的每个要素又有何影响？它带来了哪些机遇？你将会面临哪些挑战？需要克服哪些障碍？

在价值观经济这一新范式下，我们认为第四次工业革命、包容性、可持续性以及治理这四个话题将会变得越来越重要，因此哪个企业能够将服务型品牌方法作为指导框架，从而充分拥抱这几个领域，哪个企业就最有可能实现可持续业绩。

第十八章

工作场所

"你的一天怎么过，一生就怎么过。"

——安妮·狄勒德（Annie Dillard，美国诗人）

工作是成年人生活的重要部分。工作之所以有价值，在于它能满足人类的各种需求：提供资源、提供庇护场所和安全感，以及完成某些有意义的事情后感受到的自我价值感和自我实现感。社会上通常还会把一个人的职业与其个人身份联系起来，而且用职业来称呼很多人。

人们一直尝试用各种各样的方式来量化一个人用于工作的时间，即一生中用于工作的总小时数或者总天数，或者这个数占整个寿命的百分比。结论可能有所不同，但有一点可以肯定，我们一生中有相当长的时间用于工作或相关活动。具体来说，可以算一算新冠疫情暴发前后你每周的工作时长：计算公式为在岗工作时长＋居家办公（或者在其他场所办公）时长＋通勤时长＋工作相关社交活动时长。再用这个数乘以 47 或 48，得出你每年的工作时长，或者计算你整个职业生涯或一生中总的工作时长。然后再算算你用于陪伴父母或家人的时长（不算睡觉时间），对比二者，你的一生怎么过？

办公室

办公大楼最能直观地体现 100 年来工作模式所发生的深刻改变，而且有迹象表明，受新冠疫情影响，工作模式可能会再次发生长期转变。如今在美国、北欧和日本，至少有 50% 的上班族在办公大楼工作，20 世纪初这个比例只有 5%。近年来由于办公楼的出现，几乎所有大城市的轮廓线都发生了巨大变化。30 年来工作场所发生着一场几乎悄无声息的革命，说它悄无声息是因为，只有回想起 20 世纪 90 年代以及更早的场景，你才会发现这种变化究竟有多惊人。想象一下这样的办公室：打字机、传真机和电报机、有线电话……没有手机、没有笔记本电脑、没有无线网络或网络电话（VoIP）。30 年前的办公室还只是知识分子的专属场所，配备着办公设备和资源。技术为工作场所提供了新的途径，因为它能为很多员工带来方便、促进沟通，并且使其能够自由出行。如今经常有人对我们抱怨，说他们自己用的设备比企业提供的设备更好、更快、更轻，而且内存更大。

因此越来越多的人想要并且很期待弹性工作制。调查发现，76% 的"千禧一代"宁愿降工资也愿意做弹性工作。不仅是"千禧一代"，96% 的上班族想要某种形式的工作弹性，但是只有 47% 的人真的享受到了。关键问题在于，作为一个工作场所，办公室不再是必需品和唯一选项，员工如今有自己的选择。因此企业的不动产与设施管理部门需要加把劲，要让现场办公有所值、有吸引力，并且激励员工进行现场办公。从心理学上讲，这就像上学（必须出勤）和逛购物中心（可以用网络）的区别。因此需要一种转变，工作重心不再是工作场所和一系列相关服务，而是整体的员工体验和员工幸福感，以及如何促使人们拿出最佳状态并充分发挥能力。

"能提供人性化体验的工作场所不受"工作－生活平衡"思想影响，它能够驱动人们对其办公室的感受。怎样让员工自由，怎样吸引员工并成就其梦想？需要以真正的人性化体验为基础，有意识地将生活和工作融合起来。"

——玛利亚·普巴劳（Marie Puybaraud）博士（仲量联行企业解决方案全球研究部总监）

人们最初通常能认识到或者肯定工作场所在整个核心商业中的重要性，但是如果站在服务型品牌角度看，你就会发现它比想象的还重要。有家企业的一个董事会高级成员很不屑地说，设施管理职能部门就像是企业那些换灯泡或扫厕所的人一样。如今你会发现现实并非如此。在第二章我们举了一个工作场所的例子来说明服务型品牌概念，在第十五章，读者可以了解一个获奖的工作场所项目是如何采用服务型品牌方法的。

品牌识别

建筑能非常直观地体现品牌识别。从最基础的来说，香港和其他城市的广告牌式建筑天际线就可以证明。进一步说，彭博（Bloomberg）在伦敦的欧洲总部是可持续设计的典范，它容纳并改善了其周边的伦敦金融城公共领域，微软新建的硅谷园则会体现这家企业对创新的运用，二者都代表企业对所有利益相关者公开说："看，这就是我们最在乎的东西。"

员工、访客和当地社区会根据办公大楼的外观来判断一家企业，因此这些建筑通常非常显眼。在一家四大银行的办公楼里，员工在大门入口的雨篷下抽烟，因此这一块的人行道上经常到处都是他们扔的烟头。这会给员工和访客怎样的第一印象？

再看看大楼内部，大楼内部的设计、所提供设施和服务的水平，以及提供这些服务的人的行为，都会强化或弱化企业的品牌和价值观。相较于体现企业视觉身份的背景色，工作场所的设计能提供多得多的价值。如果一家企业注重创造性，而另一家企业则注重透明化，那么这两家企业的工作场所在设计上会有什么区别呢？有没有可能是，第一家企业采用玻璃书写墙和隔音"冥想室"，而第二家企业则会采用开放式办公桌和大量透明玻璃？我们曾经参观过悉尼的一个工作场所，其中一个会议室被叫作"特洛皮①会议室"，同时听了这种本土灌木的简短介绍，以强调公司定位于澳大利亚，并且与自然相关联。我们在第五章介绍的服务型品牌特征概念在工作场所会非常有作用。如果你曾经在工作场所上班或者曾经参观过某个工作场所，你就会明白，除了办公桌或办公区域以外还提供一整套的服务和设施。接待、安保、视听服务、餐饮、客户接待、邮寄服务、文件打印与保存、帮助台、保洁、出行与出租车预订、自动售货机、回收站、影印设备、办公用品、维护、工程、办公室搬迁、会议室、门房服务，以及茶点区……你能想到多少种呢？设施可能包括内部餐厅、会见厅、私人电话亭、健身房、理发室、育儿室，甚至睡仓。在与这一领域的客户合作时，我们把办公室叫作"以桌代床式酒店"。

你可能想知道如何通过这些服务和设施来强化企业的品牌和价值观，例子来了。

一家公用事业企业有一个核心价值观是"环保"，在企业年报中引用了董事长的话："在全球各地，我们将遵守高于当地水平的环保规定。我们高度重视地球环境治理，并且在日常生活中力行环保。"还是这家企业，办公室的热饮机采用的是几乎坚不可摧的锡纸包，企业高级董事开的是企业的燃油车，企业向来以四色打印机打印全彩文件，并且在夜间保洁，这意味着办公楼的灯需要在晚上开着。

如果满分是10分的话，这家企业对其环保价值观的践行能得几分？或者说，你更在乎这位董事长在年报中说的话，还是更在乎上文对这家企业办公室日常情况的介绍？如果你在这家企业上班，根据你在工作场所的经历，面对你的同事和朋友，你会怎么介绍这家企业践行价值观的事例？

---

① 特洛皮，开大红顶生花的一种澳洲山龙眼科落叶灌木。——译者注

有一家科技企业，它有一个核心价值观是创新。10分钟以内你要和你的主管开一个小时的电话会议，可是你不小心碰到了咖啡杯，咖啡全部洒在一会儿开会要用的文件上。你致电帮助台询问该怎么办，回答如下：

"您好！感谢您致电帮助台。您这个时候选择给我打电话真是太好了，我会帮您处理好的。您的办公区目前没有保洁人员，我找到了巡查队的一个人，他会马上帮您清理撒掉的咖啡。我已经启用了您身后的工位，您可以在这个工位打电话。请您把文件的电子版用邮件发给我，5分钟以内我会打印好并送给您。接下来您怎么喝咖啡呢？我会从餐厅订一杯，费用咱们以后再说。您现在准备好召开电话会议了吗？还有什么需要我帮助您？我相信一切会很顺利的。"

满分还是10分，这家企业对其创新价值观的践行程度如何？根据你在工作场所的经历，面对你的同事和朋友，你会怎么介绍这家企业践行价值观的事例？

有个面试者在一家电话企业申请了一个岗位，他告诉我们，保安人员不知道他要来，然后给他指路怎么去接待区时，话说得很模糊。他好不容易找到地方，这里的接待人员也不知道他要来，没有给他提供茶水，也没有告诉他卫生间在哪里。他被要求在一个座椅区等候，这里没有关于这家企业的任何介绍，更不用提展示企业的任何产品了。最后他说："当时我就想，我到这儿干什么来了！"还有一个例子，一家投资银行的毕业生招聘团队对其应届毕业生员工开展了一项调查，问："您为什么选择加入我们的计划，而没有选择其他企业？"排名第三的回答竟然是："接待团队欢迎我的时候非常专业。"

这几个例子表明，对于现有员工和访客（包括潜在员工）来说，企业不动产服务、设施和服务团队的行为是如何强化或削弱企业品牌和价值观的。企业的不动产或设施管理部门负责设计并提供办公设施和服务，因此作为企业品牌的管理者，它的作用比读者最初想的可能要重要得多。面对你的同事和朋友，根据你在工作场所的经历，你有什么故事？

员工敬业度

在企业不动产或设施管理场景中，服务型品牌方法的员工敬业度要素适用于参与提供设施和服务的每个人，这通常涉及好几类人，包括企业直接聘用的人员以及一家服务合作伙伴企业或多家不同企业（例如安保、接待、保洁）的员工。这种外包服务交付模式使服务型品牌方法用于简化的方法更复杂，因为这种方法把服务团队看作一个整体，因而忽略了不同员工可能来自不同企业这一事实。核心原则是，客户才不管哪个企业给服务人员发工资的。如果客户这样看待服务团队，就会引起一些很有趣的问题：

● 在文化和价值观层面上，哪些企业的价值观需要通过提供服务的员工来践行？如果你在参观某企业的办公楼，难道你不想获得与这家企业风格相符的接待服务吗？服务合作伙伴企业的价值观有什么意义？很明显，这种提问会给想要建立自己的强大雇主品牌并避免员工产生迷茫感的服务合作伙伴企业带来挑战。有时候对两套企业价值观进行地毯式搜索可能会有所帮助，而不是把这种情况看成两家企业之间的较量，甚至对它视而不见，幻想问题会被自动解决。

● 有没有可能对所有员工采用相同的人员过程，而不是任由不同企业的人员过程差异不断扩大？例如对所有设施管理员工持续实施认同项目，而不是由不同企业以不同方式来实施，甚至根本就不落实这种项目，这样会有什么结果？

● 确定统一培训（例如客户服务），而不是由不同的服务合作伙伴采用不同的培训方法，这会产生哪些协同作用，会节约哪些成本？

● 采用具有类似结构的服务标准文件或培训可能有哪些好处？

客户体验

在工作场所，企业不动产或设施管理部门提供多层次的客户体验。首先，不动产或设施管理部门对核心业务提供战略支持，例如人力资源部门负责在企业成长期招聘大量新员工。在这种情况下，人力资源（或者员工与文化）总监就是客户，对于新工作场所及其位置和招聘设施的选择，企业的不动产或设施管理部门可能需要提供建议，而且有可能对工作惯例提供建议。

其次，这个部门提供日常管理服务。想象一下，如果销售总监制定了一项非常激进的销售策略，需要接待潜在客户并向其介绍情况。此时不动产或设施管理部门可能会对其服务员工开展个人影响力培训，以确保企业给这些潜在客户留下一个非常好的印象，从而提高签单率。

最后，不动产或设施管理部门负责向全体员工和到访者提供合适的日常办公设施和服务，从而尽可能让其享受最佳客户体验：最大程度提高员工产出，让企业给客户留下良好印象。有研究开始尝试确定究竟哪些因素最能提升员工体验，以及基于什么来建立可靠的商业效益案例。

在第六章中，我们把工作场所的环境确定为一个关键驱动因素。生产力、创造力甚至赢利能力都受员工状态影响，而且工作场所有可能产生多维度影响。传统商业不动产中一切都以建成环境为基础，而且只为员工提供最基本的办公条件，例如在安全而稳固的大楼里提供足够的空间、充分的照明、舒适的温度以及开展工作所需的工具、技术和设备，同时噪音不能太大。这种以满足最低需求为原则来提供办公条件的方法有可能是以成本为中心的工作场所设计理念的产物，这一点可以理解，因为不动产通常是企业的第二大成本，仅次于员工成本。然而我们认为成本导向法忽视了最重要的东西，因为建成环境的首要目标是，在实施企业战略和目标的过程中尽可能提高员工个人及全体员工的产出，换言之，提供良好的工作场所有助于促使员工最大限度发挥其价值，因而有助于最大限度从对员工的投资中获得回报。例如远程办公可能会降低通勤成本，但是如果其代价是敬业度的下降、信任的不足以及集体产出的减少，那么它可能就不是最佳选择。企业需要有助于增强企业文化、促进相互联系、提高幸福感和灵活性的办公解决方案。就对员工产生强大吸引力而言，购物中心和度假景点会对企业的不动产与设施管理部门产生哪些启发？

总之如果没有员工，建筑就没有存在的意义。从价值观出发，就会形成以员工而非建成环境为核心的全新方法，还会促使以类似方式去设计客户体验环境中的空间和服务。这就产生了新的问题："我们希望员工有什么样的体验？""为了加强这种体验，该如何改善空间、自然光和人造光、温度、噪音以及空气质量，从而促使员工个体以及全体员工更好地表现自己？"

"你得首先关注客户体验，再考虑技术。"

——乔布斯

以体验为导向的设计并不是什么新东西，使用过苹果产品的很多人都能体验到这种设计的好处，因此我们在这里引用史蒂夫·乔布斯的话。但是在商业不动产中，"客户体验"的设计和提供通常会受到实体设计的限制。以体验为导向的设计有一个很明显的好处：想象一下有一个前台设计非常漂亮的新办公楼，如何提升个人服务，并且提供非常友好的无障碍接待服务呢？要实现最好的效果和最少的浪费，必须首先设计客户体验，再根据它来设计建成环境。具体到实践，首先要简单说明战略愿景，其中包括项目目标、价值观、品牌理念、涵盖所有感官的美好的客户旅程体验以及希望"客户"将会产生的感受。随后可以据此提出建筑设计和服务交付模式。

幸福感

工作场所中与客户体验有关的另一个维度是幸福感，这个话题最近三五年来才引起人们的关注，企业为此投入的时间和精力也越来越多。幸福感是一个很广泛的话题，包括：身体幸福感（食物、水、运动和睡眠等）；各种心理健康状况；精神幸福感；工作制度设计因素（满意的工资、适当的工作时长等）；环境因素（办公室的设计、人类工程学设计、与自然的亲近程度、空气质量、温度、光照和声音等）；社会幸福感（与同事的互动与合作）等。

设施管理的重要性在于设施管理部门提供与幸福感有关的大量服务和设施。布鲁克林公司（BCO）在其 2018 年研究报告《幸福感的重要性》（*Wellness Matters*）中表示，员工的幸福感与其产出之间有着千丝万缕的联系，宽敞而亮堂，空气新鲜且设施齐全的办公楼能增进员工的幸福感。

建成环境

还可以进一步思考实体设计：工作场所的不同风格如何为不同类型的工作提供支持？例如保密电话类、高度专注类、团队协作类，或者创造性思维类以及休息区的重要性体现在哪里？有的工作场所专门设计了特定的人流或者"偶遇"，我们参观过约翰内斯堡的一个办公楼，这家企业的首席执行官要求凸出电梯装置，原来他发现不同部门的员工在使用电梯时会陷入沉默，此举正是为了打破这种沉默。与大自然亲密接触的办公室越来越受环境：将户外场景引入工作场所以后产出提高了，工作更专注了，创造力更强了，感觉更加幸福了，缺勤率下降了，员工离职率也降低了。对建成环境的另一个潜在干扰因素是虚拟现实，因为这项技术很有可能给人带来一种身临其境的幻觉。

是否在办公楼内提供餐厅或厨房，这可以充分体现一个企业到底是注重成本还是注重投资。如果纯粹看成本，这通常需要占用大面积宝贵的不动产，而且这些场所只有在午餐时间段才能得到充分利用。可是换一个角度看，这些场所有可能有效促进企业的沟通，成为一个潜在的合作和非正式工作场所，能够为员工提供健康的饮食和便捷的服务，员工不必出去吃饭。据我们了解，有些企业不设餐厅是因为制定了支持当地社区发展的决策。读者可以发现，表面上看可能只是一个简单的决定，但实际上可能涉及相当多的考虑因素。

服务

其次需要考虑向员工提供的服务范围，例如餐饮供应。我们认为对于建成环境而言，在决定向员工提供哪些服务时，如果能以目标、价值观、品牌理念以及理想的客户体验为驱动力，那么将会达到最佳效果。例如，如果一个大型办公楼项目的基本理念是打造一个繁荣的自足型社区，那么需要提供的服务可以包括干洗、擦鞋、门房服务、包裹收发、复印等，甚至可以包括理发。但是如果理念是为被鼓励员工远程办公的员工提供一个歇脚处，那么提供最基本的服务即可。

风格

最后就是服务的提供方式。还是用前面的两个例子，如果是第一种情况，服务应该类似于高级酒店的风格，专注于由身着统一制服的团队提供个性化的友好服务；如果是第二种情况，则有可能更加偏向自助服务，只安排最基本的服务团队来提供基本服务，注重的是服务效率。

服务风格、服务内容以及建成环境共同给员工和到访者传递出一个强烈的信息，即这家企业最在乎的是什么。因此我们对客户建议：要充分关注和重视企业的不动产服务。研究表明，符合员工心理的工作场所能够明显提升员工的自豪感。有一个普遍观点：因雇主付出的努力和取得的成就而对其产生某种敬仰的人更有可能成为这家企业的品牌代言人。

系统与过程

整体而言，服务型品牌方法本身提供了一个系统和过程，用于设计、提供并管理企业的不动产与设施管理服务。利用这个框架有助于发现并实现潜在的协同效应，同时最大限度减少重复和浪费。具体而言，系统与过程要素涉及沟通框架等方面，这需要对所有类型的沟通有一个全局视角，包括沟通目的、沟通的发起人和对象、沟通渠道（例如当面沟通、虚拟沟通或书面沟通）以及沟通时机。这能再次让沟通变得顺畅，而不是各个部门独自行动。甚至还可以促使创造新的用语，以便参与服务的每个人都使用相同的用语，例如会称呼顾客为"客人"，而不是"客户"或"金主"。

最后举一个例子，不同服务企业的员工可以使用通用技术平台来共享信息、将文件归档、开展合作和员工活动，而不是每个企业通过其员工进行独立运作。

衡量与洞察

衡量与洞察是服务型品牌方法的最后一个要素，把它用于前 4 个要素可为企业增值。仍然有很多领导者在对工作场所做重要决策时只依靠直觉或者有问题的系统。其实可以跟踪员工、设施和设备，从而获取与使用模式有关的重要信息，即便没有人们使用工作场所的真实数据，依然可以启动一些敏捷运行项目。请思考以下这些衡量与洞察场景和问题如何增加价值。读者还可以补充自己的想法和思路：

- **品牌识别：** 有一个调查问卷中的问题是："哪个部门负责实体工作场所、并且负责对员工提供设施及服务？"部门内的人通常是"不识庐山真面目，只缘身在此山中"，而洞察品牌认同则有可能解决这个问题。

- **员工敬业度：** 针对参与提供企业不动产与设施服务的各个服务合作伙伴企业员工，通过透明的反馈过程来了解其想法和感受会有什么好处？将会面临哪些问题？既然工作场所服务这么重要，难道客户就不想知道提供这些服务的人是否敬业吗？

- **客户体验：** 能否将对工作场所和服务的反馈纳入企业现有的人力资源员工敬业度调查？这有可能简化数据采集和处理过程。

- **系统与过程：** 可以在多大程度上让各利益相关者群体对企业系统与过程的效果做出反馈？如果没有这个反馈循环，系统与过程有可能无法提供支持，反而成为一个公认的障碍。

商业不动产

上文说明了服务型品牌方法与工作场所之间的关系，强调了如何改善工作场所体验，而且对商业不动产模式如今是否依然重要提出了疑问。传统上商业不动产要么自建，要么租入来开展业务，后一种更常见。建筑的建设和运营耗资巨大，因此在商业不动产上的开销通常是企业仅次于工资的第二大开销。购置物业比较耗时，而大型建筑通常需要签订 5 到 10 年或者更长的长期合同。因此与商业不动产有关的决策一般都非常谨慎，而且是长期决策。相较于技术行业的一日千里，二者之间形成鲜明对比，因此影响到工作场所本可实现的、技术进步可能带来的所有敏捷性。我们这个世界正以加速度不断变化，而商业不动产环境则极其迟钝。

这种矛盾促使工作场所行业的从业者们急于找到新的商业不动产模式来替代传统模式，例如弹性工作、虚拟工作、敏捷工作和活动型工作以及共享工作场所解决方案。考虑到新冠疫情的影响，该领域到底会不会按预期速度继续增长？这个问题值得探讨。有了仲量联行（JLL）的捷设施（FacilitiesFlex）和众创空间（WeWork）的 Q 管理（Managed by Q），企业内部的设施经理可以向经过预审的专家购买保洁、计算机技术支持、建筑安保等服务。这有可能实现工作场所和设施管理行业的"优步化"，即随需服务、全面触达（客户端和服务合作伙伴端）、无长期合同、赋能员工以及实时采集与员工体验和供应商表现相关的数据。

远程办公和居家办公越来越普遍。即便在新冠疫情暴发前，远程办公和居家办公群体也很庞大。促成这一趋势的因素有：人们态度的转变，不断完善的网络能力和各种好处，例如降低办公成本、降低员工离职率、改善员工精神面貌、尽到照护责任、保护环境以及更多人才储备。这一趋势能否继续取决于一系列因素，包括员工的态度、居家办公的要求、5G 网络覆盖以及这种"新常态"在短期内的状况等。

总之我们把当前的商业不动产模式比作电信行业的有线电话，随着技术进步和商业环境的激变，这已经不合时宜了。我们想了解，"手机"型商业不动产模式是什么样的？并且认为要建立这种模式，就要采取一种全新方式，而不是传统的"个人产出"议题。一群人在一个经过精心设计的建成环境中享受相关服务，这种建成环境能强化企业的品牌和价值观，他们有一种不分彼此、相互依赖的意识，也就是部落意识，而新模式的关键应该在于要能了解新模式的好处。企业工作场所是整个服务型品牌的重要部分，因此不能固守老旧的运营方式。

你的企业工作场所环境和提供的服务是如何强化企业品牌和价值观的？有哪些地方可以改进？

适应能力

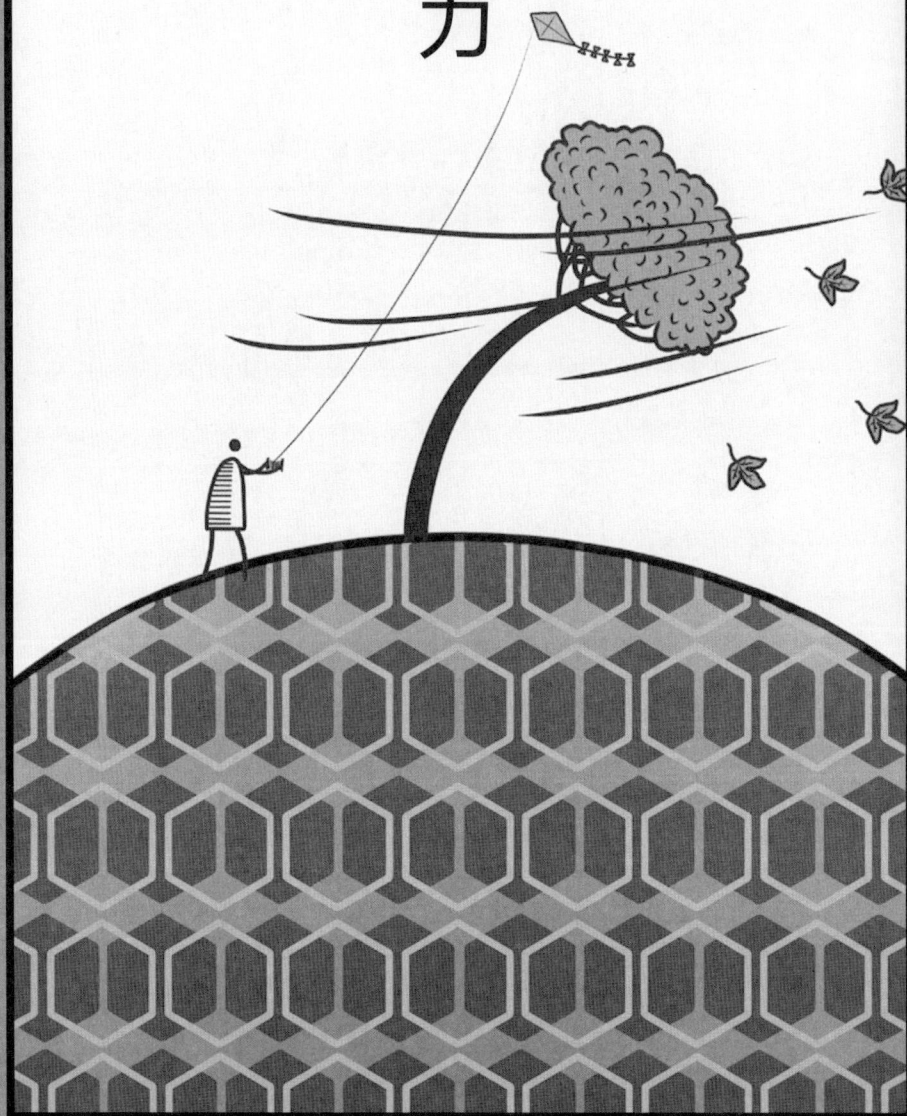

第十九章

颠覆

"成功者的傲慢在于，觉得自己昨天的方法足以应付明天。"

——威廉·波拉德（William Pollard，商业作家）

在导言我们引用"变革从未如此之快"来说明世界目前的变化速度。从现实角度看，2010 年年初，优步仅凭借 3 辆车在纽约经受了考验，同年 5 月在旧金山正式推出业务。到了 2020 年，优步已在 400 个城市拥有 400 万名司机，为 7500 万名乘客提供过服务，年收入达 41 亿美元，市值超过了福特和通用。然而就是这种指数级增长如今也无法应付面临的挑战，因为有另一个因素需要面对：颠覆。因此本段标题的引言最贴切不过了。

颠覆性创新

克莱顿·克里斯坦森（Clayton Christensen）在其《创新者的窘境》（*The Innovator's Dilemma*）一书中首次提出并定义了"颠覆性创新"一词。如今我们一提到创新就离不开这个概念，人们似乎用它来指行业体验发生变化的各种情况。

"如果你迟迟不愿投入时间和精力，那么等你发现必须改变时，很可能已经晚了。"

——克莱顿·克里斯坦森

在说明其理论时，克里斯坦森将奈飞和优步进行对比。根据他的理论，颠覆性企业立足于被成熟企业忽略的低端市场，成熟企业向来更注重能够带来利润的客户，而颠覆者则必须建立一个全新的市场，把不是客户的人变为客户。优步的情况不适用于任何一种假设，因为优步的目标客户是已经使用出租车服务的人，而且优步并没有建立一个全新市场。根据克里斯坦森的说法，真正的颠覆性企业从低端产品起步，最终通过提高质量来覆盖主流市场。他表示优步不属于颠覆性企业。

"醒醒吧！你的颠覆性没那么强。"

——拉米特·查拉（Rameet Chawla，美国企业家）

克里斯坦森随后把奈飞作为颠覆性企业的典范。一开始奈飞的邮购服务很明显不是为了吸引百事达（Blockbuster）的主流客户，这些客户按需租赁新片。奈飞只吸引到了不在乎新片，并且急于尝试DVD（高密度数字视频光盘）播放机或网购的客户。奈飞把目光瞄准了一直被竞争对手忽略的群体，以较低价格提供质量次一点、但更具个性化的替代品，但最终加入了主流客户需要的东西，从而进入高消费者市场。后来有一天，人们再也没有理由选择百事达了。我们同意，奈飞完美地诠释了什么是真正的颠覆。

我们认为克里斯坦森所列举的例子有助于从正反两方面说明：究竟什么才是真正的颠覆。但是我们认为克里斯坦森其实可以用别的企业作为反面例子，而不是优步，因为优步是一家基于平台的非直线型企业，因此在某种程度上可以说优步引起了改变。一旦一个平台围绕其最初的核心交易形成了一个强大网络，它就能轻而易举地以此解锁新的客户群体，并且形成新的市场。网络可以按某种方式扩展，而传统供应链则做不到，实际上大多数平台都建立了新市场，它们的成功并非源于形成了可持续创新，而是引入了形成新网络、新社区以及新市场的颠覆性创新，这正是优步所做的事。

我们还不同意看似以技术至上的颠覆观。诚然，新技术会撼动现有技术，并且最终将其替代，例如视频流对视频租赁的最终替代，但是这一说法仍未抓住重点，因为颠覆并非由技术本身带动，而是由客户带动的，客户决定采纳或拒不接受新技术、新产品或新服务。还是以优步为例，客户看重优步服务的便捷和价值，而司机群体则看重优步灵活的上班时间和服务提供模式。因此大企业应该专注于不断变化的客户需求和欲望，从而更有效应对数字化颠覆。

"行业颠覆者改变了消费者的习惯，改变了经济，因而改变了我们的生活。"

——希瑟·西蒙斯（Heather Simmons，美国商人）

创新是颠覆的一个重要维度，尤其是随着技术进步的创新，对此我们深以为然，但我们更想从更大的视角来看待颠覆。

更大视角

我们的未来充满各种潮流的碰撞，快速城市化、气候变化、资源稀缺、技术突破、全球经济力量的转变，这些都以人口和社会变化为背景。我们明白，这些转变正在重塑着全世界的社会、经济和行为准则，因而正以惊人速度重新定义着各个行业，我们还明白，技术是规则改变者。但与此同时，企业领导者不知道面对未来该如何未雨绸缪。过去再也不能指导未来，而且有太多炒作、太多未知，一切都在激烈动荡着。研究表明，"变化速度"和商业模式颠覆导致的相关威胁已成为首席执行官面临的最大的新挑战，医疗、保险和工业尤其害怕由此造成的后果。

"大部分行业颠覆并非源于单个力量的突然作用，而是多种相互作用力彼此碰撞的结果，其结果通常是多方面的。"

——肖恩·墨菲（Sean Murphy，美国商人）

有一种企业正在快速消失，它们拥有复杂的结构和供应链，在稳定市场上提供一系列固定产品或服务，它们知道哪些企业是自己的竞争对手。首先，不管现在还是未来，企业都应该欣然接受新技术，以求提出在其业内外可能具有颠覆性的思想，从而"形成新的领先优势"。其次，企业应该积极增加并分配其创新投资，来尝试这些新思想，并且以更快速度将其转变为商业现实，从而"形成自己的优势"。第三，如果企业内部无法形成必要的技能和资源，那么就应该寻找第三方和供应商等合作伙伴，以便共同促成新思想、接触技术和专业人才。第四，企业应该"涅槃重生"，在内部培养积极看待创新的文化，建立"创新实验室"或"数字化工厂"来尝试新思想。为了找到避免被颠覆的新方法，谷歌和微软等成功企业如今依然每年花费几十亿美元来学习前沿技术，尝试新思想，并学习如何继续站在创新前沿。我们认为以后会出现更多合作性生态系统来替代传统的企业理念。

强大的基础

"转型"很快成为 2020 年最火的商业流行语之一，而且被炒得很热，因此充满神秘感。简单说，我们觉得转型包括提供新的产品或服务，发现新的目标市场，同时利用各种渠道进行营销，可以是其中一种，也可以全部都有。例如，餐厅提供外卖属于渠道转型；酒店为国家医疗服务体系的工作人员提供住宿属于目标市场转型；啤酒厂重新选择生产设施来生产消毒洗手液属于产品和目标市场转型。转型可以是短期策略，也可以是长期战略。

我们建议领导者建立三大主要基础，从而在当前环境中尽可能取得成功。首先，要接受并完善一种全新的思维模式，放弃在此之前的思维模式。未来要取得成功，就不能躺在原来的功劳簿里，以前的思维将用于制订并切实落实具体的计划，以实现逐步完善。如今更适合的思维方式是：在充分考虑可能性的情况下不断调整自己，并且力求创新和转变，同时要主动接受不确定性，并且在"混乱"的商业环境中能够从容不迫地经营。

其次，要时刻以企业的目标和价值观为指引，不能受制于当前的产品或客户组合，或者受制于特定交付模式。诺德斯特龙的案例告诉我们，这个北美零售商是如何坚守企业目标和价值观——"改善客户服务"，同时并不满足于对诺德斯特龙店铺的完善。

第三是对组织这个概念的认识。有本字典将"组织"定义为"根据特定系统安排"并且"能够谨慎地规划事物，保持事物有序，并能有效工作"。而"组织"一词可追溯到 15 世纪中叶的拉丁语词 organizationem，意即"组织对有机整体中的部分做出安排的行为或过程"，但经过这些年的演变，组织倾向于词典中对结构、职能、预测和计划（经典理论）的定义，我们认为这种方法已经不再适合如今这个激荡的世界。相反，对有机整体中的部分做出安排，在决策时更多考虑服务的交付和敏捷性，从而有能力应对演变或者新情况，这是弗雷德里克·莱卢（Frederic Laloux）在其《管理大未来》（*The Future of Management Is Teal*）一文中对管理演变的描述，我们很赞同。有些方法与服务型品牌方法类似，这是因为企业结构是系统与过程要素的一部分，整个企业由目标和价值观（品牌识别）驱动，专注于由品牌代言人"团队"来提供客户体验，而衡量与洞察则能确保未来决策的正确性。

领导力

第二十章

总结

"价值观就像指纹，虽然每个人的都不一样，却指导着我们的一切行为。"
——埃尔维斯·普雷斯利（Elvis Presley，美国摇滚男歌手，绰号"猫王"）

在本书最后，我们相信读者会觉得有必要对本书核心思想做一个总结，而读者以后可能会不时重温各章节并且探索本书拓展阅读部分的内容。

如今企业所处的主要环境充满动荡和不确定性，因而十分复杂且令人捉摸不透，再加上我们可以在瞬间与几千万人沟通信息，因此这种程度会越来越深。新的合作形式和虚拟企业对传统企业存在的根基构成挑战。

尽管环境变化不止，但我们内心深处依然坚信人类有一些基本的简单特征。我们都是感情动物，都需要目标感和归属感，而这些基本需求拥有非凡的力量。

我们认为实现根本性转变只需做到以下3点：

（1）选择：如今人们做决定时受感情影响比较多，决定的依据是对自己来说重要的东西，并且想要表达自己的身份。

（2）沟通：在这个超级互联时代，本真性成为企业梦寐以求的东西，因为一家企业怎么样不是由它自身说了算，而是由人说了算。

（3）控制：企业不再"拥有"自己的品牌。作为企业代言人，企业原来的、现在的以及潜在的客户和员工正在替代传统的市场营销职能。

这3个要素形成一种合力，我们称之为3C，它将会促成一种巨变：传统上是固定而单一的企业所有权和推动营销，如今已经转变为比较灵活和复杂的品牌共有和拉动营销。价值观驱动选择、话语权向利益相关者的意见的转变以及共享品牌所有权概念的大爆发，这三者产生了一种新范式，我们称之为价值观经济。

传统企业的角色是建立秩序、确定方向和实施控制。但是由于世界变化越来越快，这种方法已经越来越不管用了，更可取的方法则是灵活选择目标，灵活采取行动并做出反应，即要学会适应、学会敏捷。传统的"命令—控制"式反应太迟钝了，企业必须在框架中实施去中心化决策。协调非常关键，因为正如本节开头埃尔维斯的话，企业的一举一动无时无刻不在传递其品牌和价值观。

当然实现企业协调绝非易事，因为它涉及整个企业从董事会到一线的联系，可能需要让数千人齐心协力。要克服不同的个人利益、职能部门以及不同企业、地区和文化之间的差异，还要持续不断地努力，任何失误或不足都有可能瞬间让天下皆知。实现协调的确非常艰难，要是容易的话，人人都能成功。根据亲身经历，我们都知道，尽管有一些企业的协调做得非常好，但并不具有普遍性。

在实际操作过程中可能真的难以实现企业协调，但我们觉得话不能说得太绝对，采用服务型品牌方法和框架就可以实现。具体来说，服务型品牌方法和框架包括以下主要步骤和支持原则：

（1）确立明确的品牌识别，包括非常吸引人的目标和一套深得人心的价值观。

（2）从首次接触（即员工首次加入企业前）到最后一次接触，将品牌识别的所有要素全面纳入员工敬业度。要牢记：代表企业的人就是企业的品牌代言人，不管是直接招聘的员工、服务合作伙伴的员工、兼职员工还是合同制员工。

（3）认识到高级领导者以身作则的重要性。领导职位越高，其一举一动的影响越大，包括积极影响和消极影响。

（4）在整个过程中将不同等级和不同职能部门的员工调动起来。了解现实中发挥作用的基本的心理学、社会学和哲学原理，即心要合乎本性，脑要了解真相，身要切实行动。其实我们无法明确区分心、脑和身，这三者你中有我、我中有你。

（5）发现、肯定并宣传能体现价值观的行为，从而对其进行正向强化并形成企业的"传统"。

（6）认真设计客户体验，不断利用品牌识别的所有要素，并突破时间、地区和渠道的限制对其进行强化。

（7）确保企业基础设施（系统与过程）能够支持并强化品牌识别、员工敬业度和客户体验，但是不要过分强调支持功能。

（8）认真设计沟通框架，避免随意沟通。

（9）打破人力资源部、市场营销部或者沟通部门的壁垒，促使在整个企业开展服务型品牌措施。

（10）量化评估措施的效果并发现不足。关注更具体的因果关系并对效果进行定性。确保有效管理（即衡量与洞察），对企业最高层实行问责制。

（11）借鉴他人经验，同时始终根据自己企业的具体情况利用所学。要学会变通，而不是生搬硬套别人的经验。

（12）形成不断学习、不断完善的心态，不断完善方法，在强化效果的同时改进缺陷。

（13）认识到领导者和企业身处一个更大的系统和环境，而非孤立存在。

（14）全心全意付出努力。只要嘴皮子功夫很快就会被揭穿，并且可能导致严重后果。被所有利益相关者群体一致称赞并看作本真企业是一种殊荣，这种重视能形成地位。这一条非常重要。

我们说的上面这几条很明白，读者可能想知道究竟哪一条最重要，但我们认为，如果这 14 条全部做到，那么成功的概率会增加很多。挑战在于，每个人每天都要不断把上面这些内容切实落实到每个行动和每个决定中。我们还是想说，熟能生巧。

考虑为企业引进哪些东西时，要学会协调思维和整合思维，因此如果条件允许，要让不同领域的合适人员参与其中。多问以下 4 个简单问题会有所帮助：

（1）对于直接招聘的员工和服务合作伙伴的员工，我们的人员过程如何才能体现企业的品牌识别？

（2）客户体验如何全面体现企业的品牌识别？

（3）企业的系统与过程如何为品牌识别、员工敬业度和客户体验要素提供支持？

（4）为了了解并评估服务型品牌框架要素的作用和效果，即品牌识别、员工敬业度、客户体验以及系统与过程，需要什么样的衡量与洞察过程？

为了实现最佳效果，要站在战略、管理和交付角度顾及所有活动，即垂直协调。

我们在导言强调，要知道真正起作用的并非服务型品牌方法本身，我们认为人们过于重视内容，也就是读者在本书中看到的东西，然而比内容更重要的是环境，也就是读者选择将书中所学付诸实践的方式。每个人、每个群体和企业的演变都是不断与其所处环境和背景互动并不断适应它们的过程。因此决定价值创造的其实是人们根据企业具体情况实施服务型品牌方法的方式。

话虽如此，服务型品牌方法的确提供了一个框架，企业领导者可以持续协调各种系列活动。在这个框架下，每个企业都可以为自己量身定制并实施独特的解决方案，这个方案还可以随着时间而演变。这个框架有利于实现协同效应，最大限度地减少重复和浪费，而且适用于不同规模、不同行业和不同地区的企业。服务型品牌方法的核心优势在于，它能够在企业目标和价值观的指导下有意识地全面协调企业。服务型品牌框架能够实现大部分传统企业一直渴望的高度敏捷。随着全球性变化和颠覆的速度不断加快，这种强烈的协作意识有可能被证明非常有利于实现企业的差异化。当然这并非"万能钥匙"，世界上也不存在所谓的"万能钥匙"，能否成功实施取决于是否付出足够的努力、能否坚持原则以及是否足够灵活。

我们相信读者会很喜欢本书，并且会发现服务型品牌方法中的很多东西与自己的想法不谋而合。我们希望读者借此机会能思考自己的企业和"办事方式"。希望此书能激发读者思考：如何通过设计并实施价值观驱动型服务来实现可持续业绩。更重要的是，如果读者读过此书以后想要有所改变，哪怕改变再小，那么我们也就如愿以偿了。服务型品牌思维和实践是如何提高你的企业业绩的？我们希望以后能有机会听到你的故事。